सात पाकिस्तानी शायर

संपादक
तुफ़ैल चतुर्वेदी

राजपाल

लिप्यांतरण

इरशाद ख़ान 'सिकन्दर'

ISBN : 9789386534989

प्रथम संस्करण : 2019 © राजपाल एण्ड सन्ज़

SAAT PAKISTANI SHAYAR (Poetry)

Edited by Tufail Chaturvedi

राजपाल एण्ड सन्ज़

1590, मदरसा रोड, कश्मीरी गेट, दिल्ली-110006

फोन : 011-23869812, 23865483, 23867791

e-mail : sales@rajpalpublishing.com

www.rajpalpublishing.com

www.facebook.com/rajpalandsons

क्रम

भूमिका

2004 की बात है। हम लोग पाकिस्तान से फ़ैज़ अहमद फ़ैज़, नासिर काज़मी, परवीन शाकिर, महशर बदायूँनी, रालीम अहमद, अहमद फ़राज़ जैसे कई शायरों का कलाम पढ़ चुके थे। मुझे कराची के एक कन्वीनर अज़मत बिलगिरामी ने पाकिस्तान में मुशायरा पढ़ने के लिए बुलाया। सरहद पार के शायरों से मिलने में स्वाभाविक दिलचस्पी थी। तुरन्त मंज़ूरी दी। तय दिन पर दिल्ली से पाकिस्तान एयरलाइंस के जहाज़ से सफ़र शुरू हुआ। दोपहर आने को ही हुई थी कि हवाई जहाज़ ने पाकिस्तान की ज़मीन को स्पर्श किया और कोई 30 मिनिट बाद हम अपने ठहराये जाने की जगह पर पहुँचे। कई एकड़ में फैला कोई बड़ा सरकारी गैस्ट हाउस था। तब तक पाकिस्तान में सिपाहे-सहाबा, लश्करे-झंगवी, सिपाहे-अली जैसी सोच के संगठनों में झगड़े शुरू हो चुके थे। शायद इसलिए गेट पर अर्धसैनिक बल के कई लोग ए.के. 47 लिये पहरा दे रहे थे। पहुँचते ही ख़बर दी गयी कि मेहमान अकेले बाहर न जायें। हम यानी साग़र ख़ैयामी साहब, अतीक़ इलाहाबादी साहब, पुराने दोस्त शहज़ादा गुलरेज़ साहब और दो हिन्दुस्तानी शायर जिनके नाम याद नहीं आ रहे, में से पाँच लोग तीन कमरों में शिफ़्ट कर दिये गये। अतीक़ इलाहाबादी साहब ने कराची में अपने रिश्तेदारों के यहाँ ठहरना पसन्द किया। फ़ौरन ही मिलने के लिए आने वाले लोगों की क़तार शुरू हुई। एक साहब दूर से ही बोले, 'पंडित जी पालागी,' मालूम पड़ा उनके पूर्वज शायद बस्ती या बाँदा से पाकिस्तान आये थे सो उनमें अभी तक भारतीय शालीनता शेष थी।

थोड़ी देर में खाने के लिए बुलावा आया। हम सब डाइनिंग रूम में पहुँचे। मैं किचन का कुछ हज़ार बार हाथ-नाक-कान पोंछने से गंदा हुआ पर्दा उठाकर अन्दर चला गया। सामने की मेज़ पर कोई दो-ढाई फुट का मांस का लोथड़ा पड़ा था। पूछा कि ये क्या है। जवाब मिला...गाय का गोश्त। सन्नाटे खा गये। सदियों के संस्कारों ने वहाँ पानी पीने से भी इनकार कर दिया, मगर दस दिन तो काटने थे। तय किया कि अपने कमरों के बाहर लगे वाटर कूलर से पानी

लिया जाये, सड़क पार एक बेकरी से डबल रोटी ली जाये। बहुत गन्दी सी दुकान में उसका उससे भी गन्दा नौकरनुमा मालिक पैकेट में बन्द नमकीन भी बेचता था। नमकीन के साथ डबलरोटी और ताज़ा पानी पाकिस्तान में ख़ाकसार की ग़िज़ा ठहरे।

शाम को मुशायरा था। किसी स्कूल का चयन इसके लिए किया गया था। कोई 60–70 फुट चौड़े और 20–25 फुट गहरे स्टेज पर 50–55 लोग बैठे हुए थे। हम छह लोग भी उन्हीं में शरीक कर दिये गये। सामने तीन–चार हज़ार का मजमा था। स्टेज के ठीक बीच में अच्छी मोटी गद्दी बिछी थी। जिस पर बैठ कर बल्कि धँस कर शायरों को कलाम पढ़ना था। पाकिस्तान में स्टेज पर इसकी व्यवस्था की जाती है कि आप मुशायरे को सपाट ढंग से ही पढ़ें, मेहनत से न पढ़ पायें। इससे इस बात का ख़तरा मिट जाता है कि शे'र पर दाद मिल जाये। हम हिन्दुस्तानी शायरों को दाद मिलनी ही थी, मगर पाकिस्तानी शायर अक्सर गद्दे का शिकार हो गये।

मंच का संचालन स्टेज के बिलकुल दायें, बिलकुल बायें और लगभग बीच यानी तीन जगह से हो रहा था। कभी दायें बैठे नाज़िम, कभी बायें वाले नाज़िम तो कभी बीच के नाज़िम संचालन करते थे। इस तरह ये वो ट्रेन थी जिसमें तीन खड़खड़ इंजन थे और हर इंजन का ड्राइवर बारी–बारी से अपने खड़खड़े से ट्रेन को आगे धकेल रहा था। ग़नीमत थी कि पटरी एक ही थी। ख़ारे–मुग़ीलां, पीरे–मुग़ाँ, याराने–नुक़्तदां, रायगां, सुख़ने–गुमरहाँ, बहरे–बेकराँ, मिज़गाने–ख़ूँफ़िशाँ, ताराज़िये–दामां, सैरे–चराग़ाँ जैसे लफ़्ज़ों की बारिश हो रही थी। जी कर रहा था कि वाह–वाह करने की जगह ग़ाँ–ग़ाँ शाँ–शाँ कह कर काम चला लिया जाये। फ़ारसी में सनी हुई और ईमानदारी से कहिये तो फ़ारसी की डँसी हुई उर्दू के चौतरफ़ा झक्कड़ चल रहे थे। देखते ही देखते कानों बल्कि पाँचों ज्ञानेन्द्रियों, कर्मेन्द्रियों के रोंगटे खड़े हो गये। फिर मैं और अतीक़ इलाहाबादी भी खड़े हो गये। ऐसी घनघोर घुटन में आख़िर कुछ ताज़ा हवा तो चाहिए ही होती है। कुछ ऐसा हाल था जैसे टीन की छत पर मोटे–मोटे ओले तांसे बजा रहे हों। सारी रात इसी तड़तड़ाहट और हाय–हाय में बीती।

सुब्ह दम हम तक़रीबन अधमरे से गैस्ट हाउस में लौटे। दोपहर में कई लोग फिर मिलने आये। साग़र ख़ैयामी साहब की सदारत में ख़ूब ग़प्पें लड़ीं। अगला मुशायरा कुछ दिन बाद होने की कानाफूसियाँ हवाओं में तैर रही थीं।

कारण पता चला कि जिन अज़मत बिलगिरामी साहब ने हमें निमन्त्रित किया था वो हमें दूसरे कन्वीनरों को बेचना चाहते हैं। बात पैसे पर अटक रही है। भाव बैठाये जा रहे हैं। दो-तीन दिन इसी तरह कटे। इस बीच मेरी हालत की ख़बर एके 47 ताने गार्डों से घिरे सरकारी गैस्ट हाउस के ऊँचे परकोटे पार कर बाहर चली गयी। नमकीन और डबलरोटी की ताक़तवर डाइट सुन कर एक साहब ने तरस खाकर खाने पर बुलाया। मैंने अपनी परेशानी बताई कि जहाँ गौ-मांस बनेगा, वहाँ मैं खाना नहीं खा सकता। उन्होंने कहा कि बर्तन तक नये मँगवाये गये हैं।

साहिबो! ऐसी पुरतकल्लुफ़ दावत नहीं देखी। 10-12 सब्ज़ियाँ, 4-5 तरह की दालें, कई तरह के दही के पकवान, 3 तरह की आइसक्रीम थीं। कई दिन बाद रोटियाँ देखकर आँसू बहने लगे। नतीजा ये हुआ कि दाल-सब्ज़ी में आँसू मिल गये और खाने में नमक तेज़ हो गया। ख़ैर खिला-पिला कर छतों पर चारपाइयाँ बिछा दी गयीं। प्यारी-ठंडी समंदरी हवा चल रही थी। एक साहब जो *डॉन* अख़बार के संवाददाता थे, ने बात शुरू की, जो कुछ सैकिंडों में इंटरव्यू में बदल गयी। पहला सवाल था, "आप शायरी किसे कहते हैं?" जवाब में ख़ानदाने-मुसहफ़ी के इस ग़ुलाम ने अपने पसन्दीदा हिन्दुस्तानी अशआर की झड़ी लगा दी।

अशआर की इस झड़ी के बाद *डॉन* अख़बार के संवाददाता की बोलती बन्द हो गयी। थोड़ी देर बाद उन्होंने फिर कमान सँभाली, मगर इस बार इंटरव्यू की जगह दोस्ताना गुफ़्तगू की शक्ल बनी। ख़ासी लम्बी बातचीत रही। आख़िर में उन्होंने एक सवाल फिर दाग़ दिया, "आप कन्वीनर के हाथ कैसे आ गये?" ग़ुलाम का जवाब था, "ये तो पता नहीं मगर ये पक्का है कि आइन्दा कभी नहीं बुलाने के।" ज़ाहिर है अज़मत बिलगिरामी ही क्या हर कन्वीनर वाहवाही चाहता है और फिर इस मुशायरे में उनका बेटा जो शायद डी.एस.पी. था, स्टेज के गद्दे का शिकार हुआ था। कन्वीनर शायर को पैसे भी दे और अपने मुशायरे की रेड़ भी पिटवाये? ख़ैर किसी तरह वापसी हुई। बरसों से यही इम्प्रेशन था कि पाकिस्तान की अदबी फ़ज़ा अब भी वैसी ही है जैसी हमें पिछले सफ़र में मिली थी। बीच-बीच में कई अच्छे शे'र सरहद पार से आते रहे मगर वो तन्हा शे'र ही थे भरपूर कलाम नहीं मिला। जॉन एलिया जैसे सीनियर मिलते थे तो पाकिस्तान के शायरों के शे'र सुनाते थे। वैसे भी

पाकिस्तान के शायरों की ख़ूबी है कि वो अपने समकालीन पाकिस्तानी शायरों के शे'र ख़ूब सुनाते हैं। वो हिन्दुस्तान के शायरों की तरह नहीं होते जिन्हें अपने अलावा किसी के शे'र याद ही नहीं हो पाते।

दो-तीन बरस पहले अपनी मैगज़ीन *लफ़्ज़* के लिए पाकिस्तानी शायरों का कलाम तलाश किया तो राय बदलनी शुरू हुई। ज़ुल्फ़िक़ार 'आदिल', शाहीन अब्बास, अकबर 'मासूम', अब्बास 'ताबिश' जैसे लोगों को पढ़ कर लगा कि तीन खड़खड़ इंजनों से ट्रेन धकेलने का ज़माना जा चुका है और डीज़ल इंजनों की तेज़रफ़्तारी आ चुकी है। अब राजपाल एण्ड सन्ज़ के लिए किताबें तैयार करने की बात आयी तो नये सिरे से छान-फटक शुरू की। आँखें एकदम से खुली की खुली बल्कि फटी की फटी रह गयीं। पाकिस्तानी शायर जिस क़दर मेहनत से काम कर रहे हैं कि मुँह से गाँ-गाँ, शाँ-शाँ की जगह वाह-वाह ही निकलती है। भाषा, मुहावरा, बयान का सलीक़ा, हर तरह से पकी हुई फ़स्ल लहलहा रही है।

इस किताब के लिये शायरों का चयन करते समय ऐसे शायरों का चयन किया गया जो चालीस वर्ष से कम आयु के हों। ऐसे 25 से अधिक शायर हाथ आये। उनको बीस फिर पन्द्रह फिर सात करने पर ये जगमगाते हुए हीरे हाथ आये। इस किताब के लिए चयनित शायरों ने पहले ख़ुद अपने कलाम का चयन किया है, उसके बाद ख़ाकसार ने काम किया है। जिसका परिणाम है कि तरशे-तरशाये नगीने हाज़िर हैं। कलाम ठीक लगे तो शायरों को कॉल करके बधाई ज़रूर दीजियेगा।

एक सुझाव, तोहफ़ा देने के लिए किताबें बहुत अच्छी चीज़ होती हैं।

जनवरी, 2019

—तुफ़ैल चतुर्वेदी

tufailchaturvedi@gmail.com

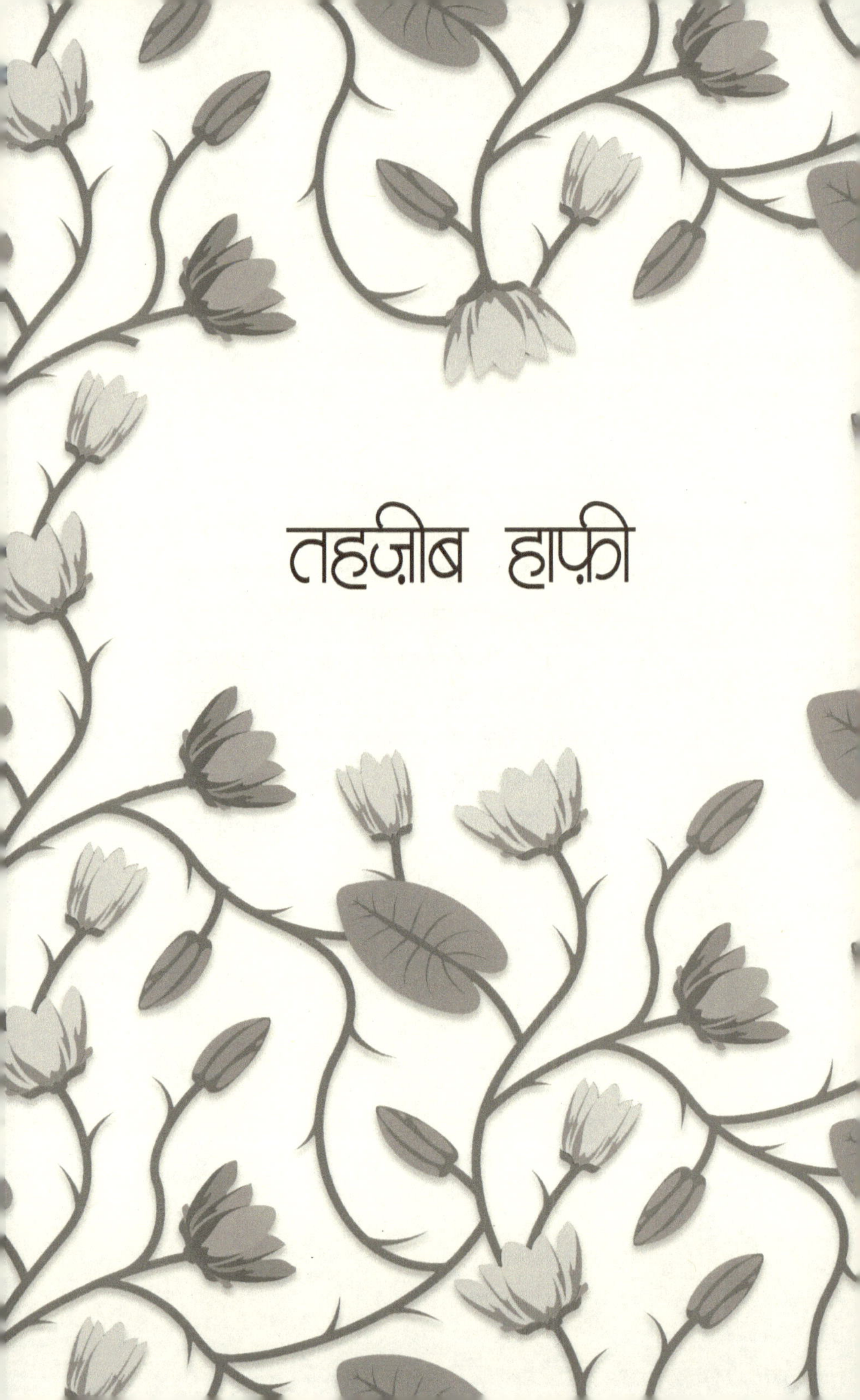

तहज़ीब हाफ़ी

तहज़ीब हाफ़ी

पाकिस्तान के ज़िला डेरा ग़ाज़ीखान में 5 दिसम्बर 1989 को तहज़ीब हाफ़ी का जन्म हुआ। लेकिन अब वे लाहौर में रहते हैं। तहज़ीब हाफ़ी आज नौजवान शायरों में प्रसिद्धि के शिखर पर हैं। उनकी शायरी पाकिस्तान और हिन्दुस्तान, दोनों ही मुल्कों में दीवानगी की हद तक सुनी और पसन्द की जाती है। उनसे सम्पर्क ईमेल और फ़ोन पर कर सकते हैं – tehzeebhafi@gmail.com, +92 3313566067

इस एक डर से ख़्वाब देखता नहीं
जो देखता हूँ मैं वो भूलता नहीं

किसी मुँडेर पर कोई दिया जला
फिर उसके बाद क्या हुआ पता नहीं

मैं आ रहा था रास्ते में फूल थे
मैं जा रहा हूँ कोई रोकता नहीं

तिरी तरफ़ चले तो उम्र कट गई
ये और बात रास्ता कटा नहीं

उस अज़दहे[1] की आँख पूछती रही
किसी को ख़ौफ़ आ रहा है या नहीं

मैं इन दिनों हूँ ख़ुद से इतना बेख़बर
मैं बुझ चुका हूँ और मुझे पता नहीं

ये इश्क़ भी अजब है एक शख़्स से
मुझे लगा कि हो गया हुआ नहीं

1. बहुत बड़ा साँप, अजगर

जब उसकी तस्वीर बनाया करता था
कमरा रंगों से भर जाया करता था

पेड़ मुझे हसरत से देखा करते थे
मैं जंगल में पानी लाया करता था

थक जाता था बादल साया करने में
और फिर मैं बादल पर साया करता था

बैठा रहता था साहिल[1] पर सारा दिन
दरिया मुझसे जान छुड़ाया करता था

बिंते-सहरा[2] रूठा करती थी मुझसे
मैं सहरा से रेत चुराया करता था

1. किनारे 2. मरुस्थल की बेटी

अजीब ख़्वाब था उसके बदन में काई थी
वो इक परी जो मुझे सब्ज़[1] करने आई थी

वो इक चिराग़कदा[2] जिसमें कुछ नहीं था मिरा
जो जल रही थी वो क़िन्दील भी पराई थी

न जाने कितने परिन्दों ने उसमें शिरकत[3] की
कल एक पेड़ की तक़रीबे-रूनुमाई[4] थी

हवाओं आओ मिरे गाँव की तरफ़ देखो
जहाँ ये रेत है पहले यहाँ तराई थी

किसी सिपाह[5] ने ख़ेमे लगा दिये हैं वहाँ
जहाँ पे मैंने निशानी तिरी दबाई थी

गले मिला था कभी दुख भरे दिसम्बर से
मिरे वजूद के अन्दर भी धुंध छाई थी

---

1. हरा 2. दीप गृह 3. शरीक होना 4. मुँह दिखाई की रस्म 5. फ़ौज

इक तिरा हिज्र[1] दाइमी[2] है मुझे
वर्ना हर चीज़ आरज़ी[3] है मुझे

एक साया मिरे तअक़्क़ुब[4] में
एक आवाज़ ढूँढती है मुझे

मेरी आँखों पे दो मुक़द्दस[5] हाथ
ये अँधेरा भी रौशनी है मुझे

मैं सुख़न[6] में हूँ उस जगह कि जहाँ
साँस लेना भी शायरी है मुझे

इन परिन्दों से बोलना सीखा
पेड़ से ख़ामुशी मिली है मुझे

मैं उसे कब का भूल-भाल चुका
ज़िन्दगी है कि रो रही है मुझे

मैं कि काग़ज़ की एक कश्ती हूँ
पहली बारिश ही आख़िरी है मुझे

---

1. वियोग 2. स्थाई 3. अस्थाई 4. पीछा कर रहा है 5. पवित्र 6. साहित्य

किसे ख़बर है कि उम्र बस इसपे ग़ौर करने में कट रही है
कि ये उदासी हमारे जिस्मों से किस ख़ुशी से लिपट रही है

अजीब दुख है हम उसके होकर भी उसको छूने से डर रहे हैं
अजीब दुख है हमारे हिस्से की आग औरों में बट रही है

मैं उसको हर रोज़ बस यही एक झूठ सुनने को फ़ोन करता
सुनो यहाँ कोई मसअला है तुम्हारी आवाज़ कट रही है

मुझ ऐसे पेड़ों के सूखने और सब्ज़[1] होने से क्या किसी को
ये बेल शायद किसी मुसीबत में है जो मुझसे लिपट रही है

ये वक़्त आने पे अपनी औलाद अपने अज्दाद[2] बेच देगी
जो फ़ौज दुश्मन को अपना सालार[3] गिरवी रखकर पलट रही है

सो इस तअल्लुक़ में जो ग़लतफ़हमियाँ थीं अब दूर हो रही हैं
रुकी हुई गाड़ियों के चलने का वक़्त है धुंध छट रही है

---

1. हरा 2. पूर्वज 3. सेनापति

❦

कुछ ज़रूरत से कम किया गया है
तेरे जाने का ग़म किया गया है

ताक़यामत[1] हरे-भरे रहेंगे
इन दरख़्तों[2] पे दम[3] किया गया है

इसलिए रौशनी में ठंडक है
कुछ चराग़ों को नम[4] किया गया है

क्या ये कम है कि आख़िरी बोसा[5]
उस जबीं[6] पर रक़म[7] किया गया है

पानियों को भी ख़्वाब आने लगे
अश्क[8] दरिया में ज़म[9] किया गया है

उनकी आँखों का तज़करा[10] करके
मेरी आँखों को नम किया गया है

धूल में अट गये हैं सारे ग़ज़ाल[11]
इतनी शिद्दत[12] से रम[13] किया गया है

---

1. प्रलय तक 2. पेड़ों 3. दुआ पढ़ कर फूँक मारना 4. भिगोया 5. चुम्बन 6. माथे 7. जड़ा गया 8. आँसू 9. मिलाना 10. चर्चा 11. हिरन 12. प्रचंडता 13. भगदड़

न नींद और न ख़्वाबों से आँख भरनी है
कि उससे हमने तुझे देखने की करनी है

किसी दरख़्त की हिद्दत[1] में दिन गुज़ारना है
किसी चराग़ के साये में रात करनी है

वो फूल और किसी शाख़ पर नहीं खिलना
वो ज़ुल्फ़ सिर्फ़ मिरे हाथ से सँवरनी है

तमाम नाख़ुदा[2] साहिल[3] से दूर हो जायें
समन्दरों से अकेले में बात करनी है

हमारे गाँव का हर फूल मरने वाला है
अब उस गली से वो ख़ुशबू नहीं गुज़रनी है

---

1. गर्मी 2. मल्लाह 3. किनारा

ये एक बात समझने में रात हो गई है
मैं उससे जीत गया हूँ कि मात हो गई है

मैं अबके साल परिन्दों का दिन मनाऊँगा
मिरी क़रीब के जंगल से बात हो गई है

बिछड़ के तुझसे न ख़ुश रह सकूँगा, सोचा था
तिरी जुदाई ही वज्हे-निशात[1] हो गई है

बदन में एक तरफ़ दिन निकाला है मैंने
बदन के दूसरे हिस्से में रात हो गई है

मैं जंगलों की तरफ़ चल पड़ा हूँ छोड़ के घर
ये क्या कि घर की उदासी भी साथ हो गई है

---

1. प्रसन्नता का कारण

तेरा चुप रहना मिरे ज़ह्न में क्या बैठ गया
इतनी आवाज़ें तुझे दीं कि गला बैठ गया

यूँ नहीं है कि फ़क़त मैं ही उसे चाहता हूँ
जो भी उस पेड़ के साये में गया बैठ गया

इतना मीठा था वो ग़ुस्से भरा लहजा मत पूछ
उसने जिस-जिस को भी जाने को कहा, बैठ गया

अपना लड़ना भी मुहब्बत है तुम्हें इल्म[1] नहीं
चीख़ती तुम रहीं और मेरा गला बैठ गया

उसकी मर्ज़ी वो जिसे पास बिठा ले अपने
इसपे क्या लड़ना फ़लाँ मेरी जगा* बैठ गया

बात दरियाओं की, सूरज की, न तेरी है यहाँ
दो क़दम जो भी मिरे साथ चला, बैठ गया

बज़्मे-जानाँ[2] में नशिस्तें[3] नहीं होतीं मख़्सूस[4]
जो भी इक बार जहाँ बैठ गया बैठ गया

---

1. जानकारी 2. प्रेयसी की सभा 3. बैठक 4. निश्चित

*उर्दू में जगह को जगा भी लिखा जा सकता है, शायर ने यही किया है।

ज़ख़्मों ने मुझमें दरवाज़े खोले हैं
मैंने वक़्त से पहले टाँके खोले हैं

बाहर आने की भी सकत[1] नहीं हममें
तूने किस मौसम में पिंजरे खोले हैं

बरसों से आवाज़ें जमती जाती थीं
ख़ामोशी ने कान के परदे खोले हैं

कौन हमारी प्यास पे डाका डाल गया
किसने मश्कीज़ों[2] के तिस्मे[3] खोले हैं

वरना धूप का पर्वत किससे कटता था
उसने छतरी खोल के रस्ते खोले हैं

यूँ तो मुझको कितने ख़त मौसूल[4] हुए
इक दो ऐसे थे जो दिल से खोले हैं

मन्नत मानने वालों को मालूम नहीं
किसने आकर पेड़ से धागे खोले हैं

दरिया बन्द किया है कूज़े[5] में 'तहज़ीब'
इक चाबी से सारे ताले खोले हैं

---

1. क्षमता 2. चमड़े की मशक 3. फ़ीते 4. प्राप्त 5. गागर

बाद में मुझसे न कहना घर पलटना ठीक है
वैसे सुनने में यही आया है रस्ता ठीक है

इस जहाने-ख़ाक[1] में हर शय को है आख़िर ज़वाल[2]
इसका मतलब सूख जाता है तो दरिया ठीक है

ज़ह्न तक तस्लीम[3] कर लेता है उसकी बरतरी[4]
आँख तक तस्दीक़[5] कर देती है बन्दा ठीक है

शाख़ से पत्ता गिरे बारिश रुके बादल छटें
मैं ही तो सब कुछ ग़लत करता हूँ अच्छा ठीक है

उसके आँसू क़ब्र तक पीछा न छोड़ेंगे मिरा
मैं अगर मर जाऊँ उसका ध्यान रखना, ठीक है

इक तिरी आवाज़ सुनने के लिए ज़िन्दा हैं हम
तू ही जब ख़ामोश हो जाये तो फिर क्या ठीक है

---

1. नश्वर संसार 2. पतन-उतार 3. स्वीकार 4. महानता 5. पुष्टि

तारीकियों[1] को आग लगे और दिया जले
ये रात बैन करती रहे और दिया जले

उसकी ज़बाँ में इतना असर है कि निस्फ़-शब[2]
वो रौशनी की बात करे और दिया जले

तुम चाहते हो तुमसे बिछड़ कर भी ख़ुश रहूँ
यानी हवा भी चलती रहे और दिया जले

क्या मुझसे भी अज़ीज़ है तुमको दिये की लौ
फिर तो मिरा मज़ार बने और दिया जले

सूरज तो मेरी आँख से आगे की चीज़ है
मैं चाहता हूँ शाम ढले और दिया जले

---

1. अँधेरों 2. आधी रात

बिछड़ कर उसका दिल भी लग गया तो क्या लगेगा
वो थक जाएगा और मेरे गले से आ लगेगा

मैं मुश्किल में तुम्हारे काम आऊँ या न आऊँ
मुझे आवाज़ दे लेना तुम्हें अच्छा लगेगा

मैं जिस कोशिश से उसको भूल जाने में लगा हूँ
ज़ियादा भी अगर लग जाये तो हफ़्ता लगेगा

मिरे हाथों से लगकर फूल मिट्टी हो रहे हैं
मिरी आँखों से दरिया देखना सहरा[1] लगेगा

मिरा दुश्मन सुना है कल से भूखा लड़ रहा है
ये पहला तीर उसको नाश्ते में जा लगेगा

कई दिन उसके भी सहराओं में गुज़रे हैं 'हाफ़ी'
सो इस निस्बत[2] से आइन्दा हमारा क्या लगेगा

1. मरुस्थल 2. सम्बन्ध

ये कौन राह में बैठे हैं मुस्कुराते हैं
मुसाफ़िरों को ग़लत रास्ता बताते हैं

तिरे लगाये हुए ज़ख़्म क्यों नहीं भरते
मिरे लगाये हुए पेड़ सूख जाते हैं

इन्हें गिला[1] था कि मैंने इन्हें नहीं चाहा
ये अब जो मेरी तवज्जो[2] से ख़ौफ़ खाते हैं

कोई तुम्हारा सफ़र पर गया तो पूछेंगे
कि रेल गुज़रे तो हम हाथ क्यों हिलाते हैं

जो बात अपने लिए दोस्तों के मुँह से सुनी
दुबारा बोलूँ तो होंठों पे ज़ख़्म आते हैं

---

1. शिकायत 2. ध्यान देने

ये किसने बाग़ से उस शख़्स को बुला लिया है
परिन्दे उड़ गये पेड़ों ने मुँह बना लिया है

उसे पता था मैं छूने में वक़्त लेता हूँ
सो उसने वस्ल[1] का दौरानिया[2] बढ़ा लिया है

ये रात नाम नहीं ले रही थी कटने का
चराग़ जोड़ के लोगों ने दिन बना लिया है

दरख़्त छाँव से हटकर भी और बहुत कुछ है
ये कैसी चीज़ थी और हमने काम क्या लिया है

खुरच रहा हूँ मैं दीवार पर लिखे हुए नाम
अजीब तरह की इक बेबसी ने आ लिया है

1. भेंट 2. समय

सो रहेंगे कि जागते रहेंगे
हम तिरे ख़्वाब देखते रहेंगे

तू कहीं और ढूँढता रहेगा
हम कहीं और ही खिले रहेंगे

राहगीरों ने रह बदलनी है
पेड़ अपनी जगह खड़े रहेंगे

लौटना कब है तूने पर तुझको
आदतन ही पुकारते रहेंगे

बर्फ़ पिघलेगी और पहाड़ों में
साल-हा-साल रास्ते रहेंगे

तुझको छूने के बाद क्या होगा
देर तक हाथ काँपते रहेंगे

सभी मौसम हैं दस्तरस[1] में तिरी
तूने चाहा तो हम हरे रहेंगे

एक मुद्दत हुई है तुझसे मिले
तू तो कहता था राब्ते[2] रहेंगे

तुझको पाने में मसअला[3] ये है
तुझको खोने के वसवसे[4] रहेंगे

तू इधर देख मुझसे बातें कर
यार चश्मे तो फूटते रहेंगे

---

1. पहुँच 2. सम्बन्ध 3. समस्या 4. आशंकित

थोड़ा लिक्खा और ज़ियादा छोड़ दिया
आने वालों के लिए रस्ता छोड़ दिया

तुम क्या जानो उस दरिया पर क्या गुज़री
तुमने तो बस पानी भरना छोड़ दिया

लड़कियाँ इश्क़ में कितनी पागल होती हैं
फ़ोन बजा और चूल्हा जलता छोड़ दिया

रोज़ इक पत्ता मुझमें आकर गिरता है
मैंने जबसे जंगल जाना छोड़ दिया

बस कानों पर हाथ रखे थे थोड़ी देर
और फिर उस आवाज़ ने पीछा छोड़ दिया

हम एक उम्र इसी ग़म में मुब्तला[1] रहे थे
वो सानहे[2] ही नहीं थे जो पेश आ रहे थे

इसीलिए तो मिरा गाँव दौड़ में हारा
जो भाग सकते थे बैसाखियाँ बना रहे थे

मैं घर में बैठके पढ़ता रहा सफ़र की दुआ
और उनके वास्ते जो मुझसे दूर जा रहे थे

मैं जानता हूँ तू उस वक़्त भी नहीं था वहाँ
ये लोग जब तिरी मौजूदगी मना रहे थे

वो क़ाफ़िला तिरी बस्ती में रात क्या ठहरा
हर इक को अपने पसन्दीदा ख़्वाब आ रहे थे

बग़ैर पूछे बियाहे गये थे हम दोनों
क़ुबूल कहते हुए होंठ थरथरा रहे थे

---

1. घिरे 2. दुर्घटना

तिरी क़ैद से मैं यूँ ही रिहा नहीं हो रहा
मिरी ज़िन्दगी तिरा हक़ अदा नहीं हो रहा

मिरा मौसमों से तो फिर गिला[1] ही फ़ुज़ूल[2] है
तुझे छूके भी मैं अगर हरा नहीं हो रहा

तिरे जीते-जागते और कोई मिरे दिल में है
मिरे दोस्त क्या ये बहुत बुरा नहीं हो रहा

ये जो डगमगाने लगी है तेरे दिये की लौ
इसे मुझसे तो कोई मसअला[3] नहीं हो रहा

कोई शे'र है जो मैं चाहकर भी न लिख सका
कोई वाक़िया है जो रूनुमा[4] नहीं हो रहा

मुझे इल्म[5] है कि शिगाफ़[6] है मिरी नाव में
जभी पार जाने का हौसला नहीं हो रहा

---

1. शिकवा 2. अकारण 3. समस्या 4. प्रकट 5. जानकारी 6. छेद

किसके बारे में सोचती है दोस्त
तू तो बिल्कुल बदल गई है दोस्त

तेरी ख़ातिर तिरी ख़ुशी के लिए
मैंने सिगरट भी छोड़ दी है दोस्त

मुझको इक चाँद से मुहब्बत थी
ज़िन्दगी बाम[1] पर पड़ी है दोस्त

इक शिकायत मुझे भी है तुझसे
तू बहुत झूठ बोलती है दोस्त

तेरी तस्वीर में भी जादू है
आँख पत्थर की हो गई है दोस्त

---

1. छत

ख़ुर्रम आफ़ाक़

ख़ुर्रम आफ़ाक़

बहावलपुर, पाकिस्तान से तअल्लुक़ रखनेवाले ख़ुर्रम आफ़ाक़ का जन्म 14 नवम्बर 1994 को हुआ था। इतनी कम उम्र में ख़ुर्रम आफ़ाक़ ऐसे उम्दा शे'र कह रहे हैं कि उन्हें सुनने/पढ़ने वाले उनके मुरीद होते जा रहे हैं। उनसे सम्पर्क ईमेल और फ़ोन पर कर सकते हैं –

khuramaffaq@gmail.com, +92 3417013765

जाने क्या आस लगाई है सफ़र से मैंने
एक तिनका भी उठाया नहीं घर से मैंने

वरना चुप किससे रहा जाता है इतना अरसा
तुझको देखा ही नहीं ऐसी नज़र से मैंने

उतर आया है हरीफ़ों[1] की तरफ़दारी पर
वो जिसे सामने करना था इधर से मैंने

यूँ न कर वस्ल[2] के लम्हों को हवस[3] से ताबीर[4]
चन्द पत्ते ही तो तोड़े हैं शजर[5] से मैंने

देखनी हो कभी बेचैनी तो उनसे मिलना
जिन को रोका है तिरी ख़ैर-ख़बर से मैंने

1. शत्रुओं 2. मुलाक़ात 3. वासना 4. बयान करना 5. पेड़

पैमाना-ए-उम्मीद छलक जाये तो देखूँ
ये फ़स्ल ज़रा ठीक से पक जाये तो देखूँ

पगडंडियों पे चलके बहुत देख लिया है
अब उसकी तरफ़ कोई सड़क जाये तो देखूँ

ये अन्धी मुहब्बत कहाँ ले आयी है मुझको
आँखों से तिरा हाथ सरक जाये तो देखूँ

सूरज की तरफ़ देखने को कह तो रहे हो
लेकिन मिरी आँखों से चमक जाये तो देखूँ

किस तरह का लगता हूँ मैं इस हाल में 'आफ़ाक़'
अब मेरी तरह से कोई थक जाये तो देखूँ

❦

हमें भी काम बहुत है ख़ज़ाने से उसके
ज़रा ये लोग तो उट्ठें सिराने[1] से उसके

यही न हो कि तवज्जो[2] हटा ले वो अपनी
ज़ियादा देर न बचना निशाने से उसके

वो मुझसे ताज़ा मुहब्बत पे राज़ी है लेकिन
उसूल अब भी वही हैं पुराने से उसके

वो तीर इतनी रिआयत[3] कभी नहीं देता
ये ज़ख़्म लगता नहीं है घराने से उसके

वो चढ़ रहा था जुदाई की सीढ़ियाँ 'आफ़ाक़'
सरक रहा था मिरा हाथ शाने[4] से उसके

---

1. हज़रते-मीर तकी 'मीर' ने सिरहाने को सिराने बाँधा और यह चलन बन गया, 2. ध्यान
3. छूट 4. काँधे

तूफ़ान की उम्मीद थी आँधी नहीं आई
वो आप तो क्या उसकी ख़बर भी नहीं आई

कुछ आँखों में तो हो गया आबाद वो चेहरा
कुछ बस्तियों में आज भी बिजली नहीं आई

हर रोज़ पलट आते थे मेहमान किसी के
हर रोज़ ये कहते थे कि गाड़ी नहीं आई

वो आग बुझी तो हमें मौसम ने झिंझोड़ा
वरना यही लगता था कि सर्दी नहीं आई

बुलवाये बिना उसने कभी हाल न पूछा
इतवार से हटकर कोई छुट्टी नहीं आई

जब हम मुट्ठी खोलेंगे
नई कहानी खोलेंगे

ज़ख़्म की इज़्ज़त करते हैं
देर से पट्टी खोलेंगे

चेहरा पढ़ने वाले चोर
गठरी थोड़ी खोलेंगे

दिल का वहम निकालेंगे
गले की डोरी खोलेंगे

वो ख़ुद थोड़ी आएगा
नौकर कुंडी खोलेंगे

ज़ोर से गाँठ लगाई थी
दाँत से रस्सी खोलेंगे

ये सितारा भी डूब सकता है
दिल तुम्हारा भी डूब सकता है

साथ रक्खो बचाने वालों को
वो दुबारा भी डूब सकता है

डूब सकता है वो अगर आधा
फिर तो सारा भी डूब सकता है

तुम वहाँ मीठा क्यों डुबोते हो
जहाँ खारा भी डूब सकता है

जो बचाता है डूबने वाले
वो इदारा[1] भी डूब सकता है

---

1. संस्थान

कोशिश के बावजूद भी साकिन[1] नहीं रहा
कुछ दिन मैं सामने रहा। कुछ दिन नहीं रहा

पहले ये रब्त[2] मेरी ज़रूरत बनाओगे
और फिर कहोगे राब्ता[3] मुमकिन नहीं रहा

हम एक वारदात से थोड़े ही दूर हैं
वो हाथ लग गया है मगर छिन नहीं रहा

इस्कूल के दिनों से मुझे जानते हो तुम
मैं आज तक सवाल किये बिन नहीं रहा

इक रात उसने चन्द सितारे बुझा दिये
उसको लगा था कोई इन्हें गिन नहीं रहा

---

1. स्थिर 2. सम्बन्ध 3. सम्बन्ध

हर कोई अपने घर पलट गया है
मसअला[1] ख़ैर से निपट गया है

कान मानूस[2] होते जायेंगे
और लगेगा कि शोर घट गया है

उसके आते ही ख़त्म हो गया ग़म
ख़ुश्क होते ही पेड़ कट गया है

ये कहानी कहाँ पे आ गई है
कौन आकर वरक़ उलट गया है

हाथ आँखों पे रखके चलते हैं
रास्ता हमको इतना रट गया है

---

1. समस्या 2. अभ्यस्त

अपना होता न किसी चश्मे-दिगर[1] में रहता
और कुछ रोज़ जो मैं तेरी नज़र में रहता

फ़ासला देख ज़रा रिज़्क़ो-मुहब्बत[2] के बीच
और ख़ुद सोच कि कब तक मैं सफ़र में रहता

कोई अपनों के अलावा भी निभाता मिरा साथ
कोई लहरों के अलावा भी भँवर में रहता

अपनी उम्मीद तो सरहद पे ही दम तोड़ गई
अब वो ईराक़ में रहता कि क़तर में रहता

उसके जाते ही मुहब्बत को निकाला दिल से
वरना ये साँप बहुत देर खँडर में रहता

1. दूसरी आँख 2. आजीविका और प्रेम

इम्तिहाँ देते हो तैयारी के साथ
इश्क़ और इतनी समझदारी के साथ

कुछ दिनों में खिलने वाला है वो फूल
कुरसियाँ लगवाइये क्यारी के साथ

हमको लगता था कि ऐसे खेत में
कोई क्यों आयेगा चिंगारी के साथ

जाने वो दोबारा कब आये नज़र
और गुज़रो तेज़रफ़्तारी के साथ

दूर पड़ता है ये घर बाज़ार से
सैर भी होगी ख़रीदारी के साथ

अगर किनारे पे ठहरने की जगह नहीं है
तो इस सफ़ीने[1] से अच्छी कोई जगह नहीं है

जो हो सके तो अभी ये सामान बाँध लीजे
वो ख़ुद न कह दे यहाँ पे इतनी जगह नहीं है

तिरे बराबर में रहने वाले तो कहते होंगे
कि इस ज़मीं पर कहीं भी ऐसी जगह नहीं है

तो क्यों न ख़ामोश रहके हमदर्दियाँ समेटे
उसे पता है कि ये हमारी जगह नहीं है

ये कैसे दिल में बसेरा करने को आ गये हम
कि जिसके अतराफ़[2] में भी ख़ाली जगह नहीं है

1. नाव 2. आस-पास

बड़ी मुश्किल से नीचे बैठते हैं
जो तेरे साथ उठते बैठते हैं

अकेले बैठना होगा किसी को
अगर हम तुम इकट्ठे बैठते हैं

और अब उठना पड़ा ना अगली सफ़ से
कहा भी था कि पीछे बैठते हैं

यहीं पर सिलसिला मौक़ूफ़[1] कर दो
ज़ियादा तजरुबे ले बैठते हैं

निगाहें क्यों न ठहरें उसपे 'आफ़ाक़'
शजर[2] पर ही परिन्दे बैठते हैं

1. समाप्त 2. पेड़ों

अब ऐसे ज़ाविये[1] पर लौ रखी जाने लगी है
चराग़ों के तले भी रौशनी जाने लगी है

असासों[2] के नये हक़दार[3] पैदा हो रहे हैं
वसीयत इसलिए जल्दी लिखी जाने लगी है

ये हमने ही बचा रक्खी है वीरानी वगरना
यहाँ हर चीज़ इस्तेमाल की जाने लगी है

सवाली[4] इसलिए चुपचाप रुख़सत हो रहे हैं
तिरी सूरत बआसानी[5] पढ़ी जाने लगी है

नया पहलू सलीक़े से बयाँ करना पड़ेगा
कहानी अब तवज्जो[6] से सुनी जाने लगी है

1. कोण 2. सम्पत्ति 3. अधिकारी 4. याचक 5. सरलता से 6. ध्यान

❦

जो ज़रा ठीक से किरदारनिगारी[1] हो जाय
ये कहानी तो हक़ीक़त पे भी तारी[2] हो जाय

तेरे हामी हैं सो उठकर भी नहीं जा सकते
जाने किस वक़्त यहाँ रायशुमारी[3] हो जाय

उसको इस वास्ते दिल से न निकाला कि कहीं
ख़ाली रखने से मकाँ और न भारी हो जाय

अच्छा होगा अगर इस मलबे की पड़ताल से क़ब्ल[4]
एक फ़ेहरिस्त[5] दरो-बाम[6] की जारी हो जाय

ख़्वाब को हमने पहुँच में ही रखा है 'आफ़ाक़'
ऐन मुमकिन है कभी नींद से यारी हो जाय

---

1. चरित्र चित्रण 2. छा जाये 3. राय गिनने का कार्य 4. पहले 5. सूची 6. दरवाज़े-छत

नतायज[1] जब सरे-महशर[2] मिलेंगे
मुहब्बत के अलग नम्बर मिलेंगे

कोई चालाक पानी पी गया है
घड़े में अब फ़क़त कंकर मिलेंगे

ये दीवारें किसी की मुन्तज़िर[3] हैं
यहाँ हर सिम्त कैलेंडर मिलेंगे

हवा की पैरवी करनी पड़ेगी
यूँ ही थोड़ी शजर[4] झुककर मिलेंगे

तुम्हारी मेज़बानी के बहाने
कोई दिन हम भी अपने घर मिलेंगे

---

1. परिणाम 2. प्रलय क्षेत्र 3. प्रतीक्षित 4. पेड़

हम तो समझे थे मुहब्बत की लड़ाई साहब
आप तलवार उठा लाये हैं भाई साहब

धूप तालाब का हुलिया तो बदल सकती है
इतनी आसानी से छुटती नहीं काई साहब

ख़ाक को ख़ाक पे धरने का मज़ा है अपना
हिज्र[1] में कौन बिछाता है चटाई साहब

इक इशारे में मुझे ख़ुद से अलग कर डाला
ख़ूब है आपके हाथों की सफ़ाई साहब

फिर भी आवारगी ज़ाया नहीं जाने वाली
कोई भी चीज़ अगर हाथ न आई साहब

---

1. वियोग

नज़र के साथ सुख़न[1] को दुबारा ताज़ा किया
किसी ने पढ़ के पुराना शुमारा[2] ताज़ा किया

बहुत उदास लगी रेत ख़ुश्क होते हुए
फिर एक लह्र ने आकर किनारा ताज़ा किया

तुम्हारे हिज्र[3] की सूरत बहाल होने लगी
गुज़रते अब्र[4] ने ज्यूँ ही सितारा ताज़ा किया

मैं राह-भूली हवा पर फ़रेफ़्ता जिसने
बग़ैर हब्स बढ़ाये नज़ारा ताज़ा किया

उस एक चेहरे सा चेहरा बनाना था 'आफ़ाक़'
सो एक-दो नहीं सौ बार गारा ताज़ा किया

---

1. साहित्य 2. अंक (पत्रिका) 3. वियोग 4. बादल

हम ऐसे हारे हुओं की मजाल से डर जाय
सो चाल डाल दो शायद वो चाल से डर जाय

तो क्या जवानी बुढ़ापे की नज़्र कर दें हम
उरूज[1] मिलते ही बन्दा ज़वाल[2] से डर जाय

ज़रा ख़याल से पहरे बिठाइये उस पर
ये हो भी सकता है वो देखभाल से डर जाय

मैं चाहता हूँ मिरा सब्र इस तरह जीते
वो मुझपे वार करे और ढाल से डर जाय

हमारा ज़िक्र ही तुम इस तरह से करते हो
कि सुनने वाला हमारी मिसाल से डर जाय

1. ऊँचाई 2. पतन

अभी हमारा ज़माना क़रीब आया नहीं
वो जानता था लिहाज़ा क़रीब आया नहीं

सुना है यूँ ही हवा हो गये तिरे दरिया
सुना है एक भी प्यासा क़रीब आया नहीं

सबब बताना था मैंने उसे बिछुड़ने का
मगर वो शख़्स दुबारा क़रीब आया नहीं

बिना बुलाये वो जितना क़रीब आया था
बुलाने पर कभी उतना क़रीब आया नहीं

हुए जो तर तो हमें धूप देख पाई नहीं
हुए जो ख़ुश्क तो शोला क़रीब आया नहीं

❦

जब बचा ही नहीं रुकने का बहाना कोई और
आज ही देख के आते हैं ठिकाना कोई और

क्या बुराई है मिरे काँधे पे सर रखने में
वैसे भी है नहीं कमरे में सिराना कोई और

ये न हो मैं यहाँ तैयारी मुकम्मल कर लूँ
और हो जाये तिरे साथ रवाना कोई और

कब वो हाथ आयेगा हम जिसके लिये बैठे हैं
रोज़ ही खा के चला जाता है दाना कोई और

शाहज़ादी की झलक से तो यही लगता है
इस रियासत में नहीं होगा ख़ज़ाना कोई और

नादिर अरीज़

नादिर अरीज़

नादिर अरीज़ का जन्म 10 अगस्त 1993 को लाल सोहनरा, पाकिस्तान, में हुआ था। ऐसी पुख़्ता और पकी हुई शायरी है कि बस पढ़ते ही जाइए। नादिर अरीज़ से सम्पर्क ईमेल और फ़ोन पर कर सकते हैं -

nadirabbasi682@gmail.com, +92 3009839152

पेड़ पौधे हैं तितलियाँ नहीं हैं
कैसा क़स्बा है लड़कियाँ नहीं हैं

देखकर पाँव रखना पड़ता है
इन पहाड़ों पे सीढ़ियाँ नहीं हैं

मेरे अँगूठे से खुलेगा ये लॉक
इस तिजोरी की चाबियाँ नहीं हैं

नाव का वरना मसअला[1] नहीं था
इस जज़ीरे[2] पे लकड़ियाँ नहीं हैं

बद्दुआ लग गई है किसकी उसे
उस कलाई में चूड़ियाँ नहीं हैं

बारिश आई तो भीग जायेंगे
पेड़ों के पास छतरियाँ नहीं हैं

---

1. समस्या 2. द्वीप

तमाम शह्र को हुलिया बता दिया गया है
मिरे फ़रार को मुश्किल बना दिया गया है

बस एक ज़िद कि उसे देखना है बारे-दिगर[1]
जो काम आये थे उसको भुला दिया गया है

मैं जाँनिसार हूँ या बेवफ़ा बताओ मुझे
तुम्हें लहू का नमूना दिखा दिया गया है

बस उसको माँगता रहता हूँ घर में बैठे हुए
मुझे दुआओं का चस्का लगा दिया गया है

हमें तलाशने वालों का रोक कर रस्ता
हमारे बारे[2] तजस्सुस[3] बढ़ा दिया गया है

---

1. दुबारा 2. अंतत: 3. पूछताछ

चाहे जाने की भी ख़ुशी नहीं है
उसको ख़्वाहिश विसाल[1] की नहीं है

इसलिए खेल से निकल गया हूँ
ये मिरी जीत की घड़ी नहीं है

हिज्र[2] की रात कट नहीं रही दोस्त
और ये रात आख़िरी नहीं है

तुम तो हर शख़्स से ये कहते हो
आप से जान क़ीमती नहीं है

इससे ऊँचे पहाड़ सर किये हैं
जीत मेरे लिए नई नहीं है

वो बताता रहा गढ़े का मुझे
मैंने उस शख़्स की सुनी नहीं है

1. मिलन 2. वियोग

नहीं थीं मौजूद तुम, मैं साथी नहीं बनाता अजीब लगता
तमाम मेज़ों पे जोड़े बैठे थे मैं अकेला अजीब लगता

दुकाँ बनाकर जवाज़[1] पैदा किया है मौजूदगी का अपनी
बग़ैर मक़सद के मैं तिरे रास्ते में बैठा अजीब लगता

वो पास आया तो देखना छोड़ कर उसे चूमने लगा मैं
शराबख़ाने में बैठकर सादा पानी पीता अजीब लगता

तिरी मुहब्बत के जाल में फँसके मैंने तेरा भरम रखा है
अगर परिन्दा न क़ैद होता तो ख़ाली पिंजरा अजीब लगता

नुमायाँ[2] होने का आम हुलिये में आके मौक़ा गँवा दिया है
सभी तवज्जो[3] से देखते दोस्त अगर तो थोड़ा अजीब लगता

---

1. औचित्य 2. प्रकट, प्रदर्शित 3. ध्यान

हदफ़[1] पे इतने सलीक़े से वार करते हैं
हम एक तीर से दो-दो शिकार करते हैं

हमारी भूल पे महशर बपा[2] करें ये लोग
और अपने जुर्म को लग़्ज़िश[3] शुमार करते हैं

क़दम-क़दम पे अना[4] से निपटना पड़ता है
हम अपने आपको मुश्किल से पार करते हैं

घने दरख़्तों का मैं अहतराम[5] करता हूँ
कि ये हमारी फ़ज़ा साज़गार करते हैं

इक और रस्म रवायत[6] का हिस्सा बनती है
हम इक ख़ता को अगर बार बार करते हैं

तुम्हारे वादों पे 'नादिर' ख़ुशी हुई, लेकिन
हम आज़माते हैं फिर एतिबार करते हैं

---

1. निशाने 2. प्रलय मचायेंगे 3. भूल -चूक 4. अभिमान 5. सम्मान 6. परम्परा

दिल की ख़ातिर उसे पाने की नहीं ठानी थी
वो तो इक दोस्त ने शोले को हवा दे दी थी

मुझको तंग आके खड़ा होना पड़ा बीच सड़क
हाथ देता था कोई गाड़ी नहीं रुकती थी

ये दरीचे के बराबर का जो मंज़र है यहाँ
एक क्यारी थी जो फूलों से भरी रहती थी

रास्ता ख़त्म मकानों के तजावुज़[1] से हुआ
मैंने जब नक़्शा बनाया था गली रक्खी थी

उसको खोने में ज़माने ने मदद की मेरी
गाँठ ऐसी थी कि हाथों से नहीं खुलती थी

उसने पहचाना था उस रोज़ मुझे स्वेटर से
हमने इक दूजे की तस्वीर नहीं देखी थी

1. सीमोल्लंघन

मैं उसे चाहने वालों में घिरा छोड़ गया
यानी उस पेड़ को उतना ही घना छोड़ गया

चीज़ें गिरती गईं रस्ते में फटे थैले से
चोर ग़फ़लत[1] में ठिकाने का पता छोड़ गया

वापस आने को तसल्ली दी, न सीने से लगा
कोई जाते हुए दरवाज़ा खुला छोड़ गया

सिर्फ़ आते हुए क़दमों के निशाँ मिलते हैं
ख़ुद कहाँ है जो किनारे पे घड़ा छोड़ गया

साथ रक्खा न पलटने दिया घर की जानिब
कोई कश्ती को जज़ीरे[2] से लगा छोड़ गया

1. असावधानी 2. द्वीप

मुहीब[1] जंगल में पहले तो इस तरह किसी झोंपड़ी का होना
फिर उससे उठते धुएँ ने बावर[2] कराया हमको किसी का होना

मुहाफ़िज़ों[3] की नज़र से बचकर उबूर[4] करना है उस गली को
और इसमें गम्भीर मसअला है जगह-जगह रौशनी का होना

शिकारियों ने सुकून जंगल का सारा बरबाद कर दिया है
बहुत ज़रूरी है टारज़न की किसी तरह वापसी का होना

मुक़र्रिरा[5] वक़्त पूरा होने से पहले उठकर वो जाने लगता
विसाल[6] के रोज़ो-शब[7] बहुत मेरे काम आया घड़ी का होना

कहीं भी करतब दिखाना पड़ जाये हमको मुमकिन है अपने फ़न का
हम ऐसे जादूगरों के हाथों में लाज़मी है छड़ी का होना

ज़रा सी ग़फ़लत[8] से ये न हो रायगाँ[9] चली जाये सारी मेहनत
शिकार करने से तुम यक़ीनी बनाओ पहले छुरी का होना

मैं ऐसे माली के हाथ सौपूँगा बाग़ दिल का जिसे पता हो
शजर[10] की नश्वो-नुमा[11] में बेहतर रहेगा कितनी नमी का होना

---

1. डरावने 2. विश्वास 3. रक्षकों 4. जीतना 5. तय 6. मिलन 7. दिन-रात 8. भूल 9. व्यर्थ 10. पेड़ 11. बढ़वार

धुँधला गया हूँ दूर के मंज़र में जा के मैं
पछता रहा हूँ शह्र से क़स्बे में आ के मैं

अब उस कली पे सिर्फ़ मिरा हक़ है दोस्तो
लौटा हूँ हाथ पेड़ को पहले लगा के मैं

शोला दिये को ज़िन्दगी देते ही बुझ गया
मंज़र से हट गया उसे मंज़र पे ला के मैं

साहब यक़ीन कीजिये चोरी की ख़ू[1] नहीं
बाग़ आ गया हूँ दोस्त की बातों में आ के मैं

उस दर[2] के बन्द होने का बदला लिया है दोस्त
जो बेचता रहा हूँ दरीचे[3] बना के मैं

---

1. आदत 2. दरवाज़ा 3. खिड़की

प्यार करता हूँ मगर उसको बताता नहीं मैं
एक मिसरा[1] है गिरह[2] जिस पे लगाता नहीं मैं

तुझसे बिछड़ा तो मुहब्बत यहीं रह जायेगी
घर पलटते हुए सामान उठाता नहीं मैं

उसके साथ आँख मिचौली का मज़ा आता है
फूल देता हूँ उसे सामने आता नहीं मैं

जल्द उस बाग़ की तरतीब[3] बदल जायेगी
एक मंज़र को लगातार दिखाता नहीं मैं

ख़्वाब देखा है कि तुम डूबके मरने लगे हो
और खड़ा देखता रहता हूँ बचाता नहीं मैं

रोज़ इस तरह मुलाक़ात तो हो जाती है
इसलिए दोस्त तिरा क़र्ज़ चुकाता नहीं मैं

---

1. पंक्ति 2. गाँठ (दूसरी पंक्ति लगा कर शे'र करने का मन्तव्य है) 3. क्रम

तेरी तस्वीर हमेशा है मिरी नज़रों में
ये सहूलत भी ज़ियादा है मिरी नज़रों में

दूसरे इश्क़ में नुक़सान का ख़दशा[1] कम है
ये सड़क उससे कुशादा[2] है मिरी नज़रों में

रूप देना है कोई दिल की उदासी को मुझे
डूबती नाव का ख़ाका है मिरी नज़रों में

इस जगह आके ठहर जाता है मंज़र जैसे
आपके बाद अँधेरा है मिरी नज़रों में

उस हवेली से बहुत गहरा तअल्लुक़ था मिरा
उसका एक और भी रस्ता है मिरी नज़रों में

मैं मुहब्बत के ख़दो-ख़ाल[3] से वाक़िफ़ तो नहीं
अपने माँ बाप का ख़ाका है मिरी नज़रों में

---

1. आशंका, 2. चौड़ी, 3. रंग-रूप, नक़्श

मकान होते क्या किसी की बेघरी को देखना
कभी मिरी जगह पे आके ज़िन्दगी को देखना

हुजूम से निगाह फेर लेंगे तुझको देखकर
हमारा मसअला[1] नहीं है हर किसी को देखना

किसी ने तेरी बात छेड़ी और शब[2] गुज़र गई
किसी को याद ही नहीं रहा घड़ी को देखना

उमीद रखना तुझसे प्यार की कुछ ऐसी बात है
परिन्दा छोड़ना फिर उसकी वापसी को देखना

यहाँ पे कौन-कौन जागता है आधी रात तक
हमारा खिड़कियों से लग के रौशनी को देखना

---

1. समस्या 2. रात

बर्फ़ बेकार में पिघल गई है
इस मुहब्बत की उम्र ढल गई है

उसका घर देखने के चक्कर में
मेरे क़स्बे की बस निकल गई है

एक झूठा बयान देने पर
दो क़बीलों में जंग टल गई है

मेरा होता हुआ नहीं हुआ वो
गेंद पकड़ी मगर फिसल गई है

हादसा हाथ मल रहा होगा
कार उलटती हुई सँभल गई है

अपनी ख़ुद्दारी[1] तो पामाल[2] नहीं कर सकते
उसका नम्बर है मगर कॉल नहीं कर सकते

सील-जायेगी तो फिर नक़्श[3] उभारेंगे कोई
काम दीवार पे फ़िलहाल नहीं कर सकते

रह भी सकता है तिरा नाम कहीं लिक्खा हुआ
सारे जंगल की तो पड़ताल नहीं कर सकते

दोस्त तस्वीर बहुत दूर से खींची गई है
हम उजागर ये ख़दो-ख़ाल[4] नहीं कर सकते

रोती आँखों पे मियाँ हाथ तो रख सकते हैं
पेश अगर आपको रूमाल नहीं कर सकते

दे न दे काम की उजरत[5] ये है मर्ज़ी उसकी
इश्क़ के पेशे में हड़ताल नहीं कर सकते

दश्त[6] आये जिसे वहशत[7] की तलब हो 'नादिर'
ये ग़िज़ा[8] शह्र हम इरसाल[9] नहीं कर सकते

---

1. स्वाभिमान 2. कुचलना 3. आकृति-स्वरूप 4. रंग-रूप 5. मेहनताना 6. बियाबान 7. उन्माद 8. आहार 9. भेजना

मिरी जाँ पर ये पत्थर इसलिए भारी ज़ियादा है
मुहब्बत कम तिरे लहजे में ग़मख़्वारी[1] ज़ियादा है

ये सबसे मुख़्तसर[2] रस्ता है उस वादी में जाने का
मगर इस पर सफ़र करने में दुश्वारी[3] ज़ियादा है

हम अपनी राह में दीवार बन जाते हैं ख़ुद अक्सर
हमारा मसअला[4] ये है कि ख़ुद्दारी[5] ज़ियादा है

मुहब्बत के क़रीब आया तो अन्दाज़ा हुआ मुझको
कि दिलकश घर से घर की चारदीवारी ज़ियादा है

अभी ये बहस 'नादिर' वक़्त की चौखट पे रखते हैं
ये कल देखेंगे किसका काम मेयारी[6] ज़ियादा है

---

1. हमदर्दी 2. छोटा 3. कठिनाई 4. समस्या 5. स्वाभिमान 6. स्तरीय

बोले तो अच्छा बुरा महसूस हो
उसकी ख़ामोशी से क्या महसूस हो

इस तरह दीवार पर तस्वीर रख
आदमी बैठा हुआ महसूस हो

दाम मुँहमाँगे मिलेंगे और नक़्द
क़त्ल लेकिन हादसा महसूस हो

रख लिया अख़बार पैसों की जगह
ताकि बटुआ कुछ भरा महसूस हो

देखना चाहूँ उसे तो हर कोई
मेरी जानिब[1] देखता महसूस हो

पास जाने पर खुले प्यासे पे रेत
दूर से पानी खड़ा महसूस हो

---

1. ओर

कई दिनों तक नज़र में रहने पे हाँ करेगी
वो पहली कोशिश पे दिल कुशादा[1] कहाँ करेगी

ख़ुदा की मरज़ी बता रहा था बिछुड़ने वाला
वो जानता था कि गीली लकड़ी धुआँ करेगी

मुझे पता है मैं उसकी नज़रों से गिर गया हूँ
मिरी तवज्जो[2] भी अब उसे बदगुमाँ[3] करेगी

बिछड़ गये दोस्त तो ग़लतफ़हमियाँ बढ़ेंगी
ज़मीं पे बिखरे तनों का दीमक ज़ियाँ[4] करेगी

बग़ैर पतवार मोजिज़ा[5] होगा पार लगना
ये लह्र पर है किधर सफ़ीना[6] रवाँ[7] करेगी

कोई शगूफ़ा[8] तुम्हारे हँसने का मुन्तज़िर[9] है
किसी नज़ारे को धूप आकर अयाँ[10] करेगी

---

1. फैलाना 2. ध्यान 3. कुपित 4. नुक़सान 5. चमत्कार 6. बजरा, नाव 7. चलायेगी 8 कली 9. प्रतीक्षित 10. प्रकट

पेड़ से जाने का इसरार[1] किया जाता है
हम परिन्दों को गुनहगार किया जाता है

रात-दिन लोग दरीचों[2] में खड़े रहते हैं
और ऐसे तिरा दीदार[3] किया जाता है

तब्अे-नाज़ुक[4] पे गिराँ गुज़रे न दस्तक की सदा[5]
पाँव छूकर उसे बेदार[6] किया जाता है

तेरी आँखों के गिरफ़्तार समझते होंगे
कितनी मुश्किल से भँवर पार किया जाता है

ये जो दीवार से लग जाते हैं चलते हुए लोग
आपका रास्ता हमवार[7] किया जाता है

---

1. आग्रह 2. खिड़कियों 3. दर्शन 4. लड़की 5. आवाज़ 6. जगाया 7. समतल, साफ़

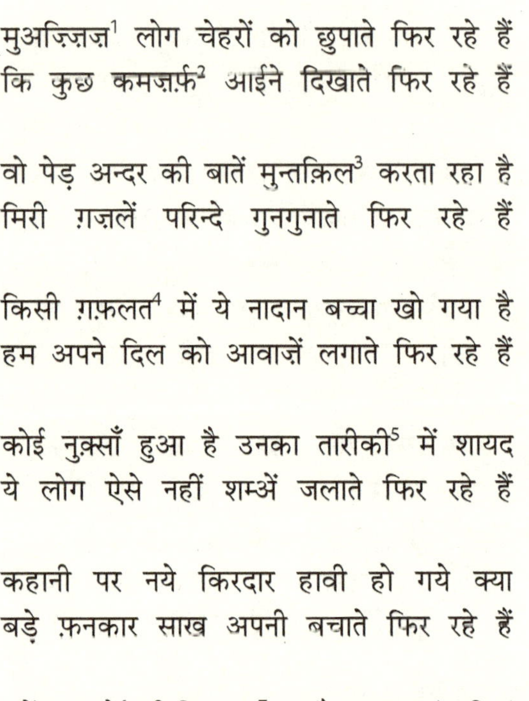

मुअज़्ज़िज़[1] लोग चेहरों को छुपाते फिर रहे हैं
कि कुछ कमज़र्फ़[2] आईने दिखाते फिर रहे हैं

वो पेड़ अन्दर की बातें मुन्तक़िल[3] करता रहा है
मिरी ग़ज़लें परिन्दे गुनगुनाते फिर रहे हैं

किसी ग़फ़लत[4] में ये नादान बच्चा खो गया है
हम अपने दिल को आवाज़ें लगाते फिर रहे हैं

कोई नुक़्साँ हुआ है उनका तारीकी[5] में शायद
ये लोग ऐसे नहीं शम्अें जलाते फिर रहे हैं

कहानी पर नये किरदार हावी हो गये क्या
बड़े फ़नकार साख अपनी बचाते फिर रहे हैं

हमें सरमाये[6] की क़िल्लत[7] का है अहसास 'नादिर'
अभी हम अपना तख़मीना[8] लगाते फिर रहे हैं

---

1. सम्मानित 2. छिछोरे 3. स्थानान्तरित 4. असावधानी 5. अँधेरे 6. धन-सम्पन्नता 7. कमी 8. जोड़-घटाव

मुहब्बत का ज़ियाँ[1] होने लगा था
मैं उससे बदगुमाँ[2] होने लगा था

तलातुम[3] में वो शिद्दत[4] आ गई थी
किनारा रायगाँ[5] होने लगा था

वो लहजा इतना कड़वा था कि सच भी
तबीयत पर गराँ[6] होने लगा था

दिये की साँस रुककर चल रही थी
सो कमरे में धुआँ होने लगा था

वो मेरे ख़ालो-ख़द[7] अपना रहा था
मैं पानी पर अयाँ[8] होने लगा था

---

1. घाटा 2. कुपित 3. बाढ़ 4. तीव्रता, प्रखरता 5. व्यर्थ 6. बोझिल 7. रंग-रूप 8. प्रकट

उमैर नजमी

उमैर नजमी

पाकिस्तान के पंजाब में स्थित रहीमयार खान में 2 सितम्बर 1986 को उमैर नजमी का जन्म हुआ था। आर्किटेक्चरल इंजीनियरिंग करने के बाद उमैर बिल्डिंग निर्माण कार्य से जुड़ गये। शायरी ज़रा देर से शुरू की लेकिन शुरू की तो ऐसी कि लोग कह उठे 'देर आये दुरुस्त आये'। पाकिस्तान में बेइन्तिहा पसन्द किये जाने वाले उमैर को भारत में भी लोग पसन्द करते हैं। उनसे आप सम्पर्क ईमेल और फ़ोन पर कर सकते हैं - chenabianajmi@gmail.com, +92 3002037037

तुमको वहशत तो सिखा दी है, गुज़ारे लायक़
और कोई हुक्म? कोई काम, हमारे लायक़

माज़रत![1] मैं तो किसी और के मसरफ़[2] में हूँ
ढूँढ देता हूँ मगर कोई तुम्हारे लायक़

एक दो ज़ख़्मों की गहराई और आँखों के खँडर
और कुछ ख़ास नहीं मुझमें नज़ारे लायक़

घोंसला, छाँव, हरा रंग, समर कुछ भी नहीं
देख! मुझ जैसे शजर होते हैं आरे लायक़

दो वजूहात[3] पे इस दिल की असामी[4] न मिली
एक दरख़्वास्तगुज़ार[5] इतने, दो सारे लायक़

इस इलाक़े में उजालों की जगह कोई नहीं
सिर्फ़ परचम है यहाँ चाँद सितारे लायक़

मुझ निकम्मे को चुना उसने तरस खा के 'उमैर'
देखते रह गए हसरत से बिचारे लायक़

---

1. क्षमा 2. उपयोग 3. कारणों 4. नौकरी 5. प्रार्थी

❦

कभी ठहर के सुनी है बहाव की आवाज़
सुबुक[1] नदी में किसी सुस्त नाव की आवाज़

फ़िज़ा[2] का शोर थमे तो दरों[3] से आती है
घुटी घुटी सी 'बचाओ, बचाव'* की आवाज़

हमारे बीच ये बढ़ता सुकूत[4] अस्ल में है
हमारे दरमियाँ बढ़ते तनाव की आवाज़

किसी को भेजते, साँसों पे बोझ पड़ता है
तभी तो 'जाओ' में दबती है 'वाव' की आवाज़

बड़ों में बहस है कमरे बढ़ायें आँगन में
मैं सुन रहा हूँ शजर[5] के कटाव की आवाज़

तभी तो आग के नज़दीक बैठता नहीं मैं
मुझे अलाव से आती है 'आव' की आवाज़

ये इज़्तिराब[6] उतरता है वज़्न में मुझ पर
ये शायरी है दिमाग़ी खिंचाव की आवाज़

---

1. पतली 2. वातावरण 3. दरवाज़ों 4. स्तब्धता 5. पेड़ 6. बेचैनी

*उर्दू में वाव अक्षर को ओ और व दोनों के लिये बरता जाता है।

❦

गुज़िश्ता[1] शब[2] यूँ लगा कि अन्दर से कट रहा हूँ
मैं इस अज़ीयत[3] में साठ-पैंसठ मिनट रहा हूँ

तू मुझको रोने दे यार! शाने[4] पे हाथ मत रख
मैं गीले काग़ज़ की तरह छूने से फट रहा हूँ

यक़ीन कर सख़्त सर्द बेजान आदमी था
गले मिला तो लगा सुतूँ[5] से लिपट रहा हूँ

वो हिज्र था जिसने नम किया और बल निकाले
मैं जितना सीधा हूँ उस का बिल्कुल उलट रहा हूँ

सुना था हर एक शय हरारत से फैलती है
तुझ आग के पास हो के मैं क्यों सिमट रहा हूँ

पड़ोस में पेड़ कट रहा है मैं कान ढाँपे
दरख़्त[6] के फ़ायदों पे मज़मून[7] रट रहा हूँ

अख़ीर बेकार शय[8] था मैं कारे-इश्क़[9] से क़ब्ल[10]
समझ ले सूखे हुए कुएं का रहट रहा हूँ

---

1. बीती 2. रात 3. यातना 4. कंधे 5. खम्भे 6. पेड़ 7. लेख 8. चीज़ 9. प्यार करने 10. पहले

झुक के चलता हूँ कि क़द उसके बराबर न लगे
दूसरा ये कि उसे राह में ठोकर न लगे

ये तिरे साथ तअल्लुक़ का बड़ा फ़ायदा है
आदमी हो भी तो औक़ात से बाहर न लगे

नीम-तारीक[1] सा माहौल है दरकार[2] मुझे
ऐसा माहौल जहाँ आँख लगे डर न लगे

माओं ने चूमने होते हैं बुरीदा[3] सर भी
उनसे कहना कि कोई ज़ख़्म जबीं[4] पर न लगे

ये तलबगार[5] निगाहों के तक़ाज़े हर सू
कोई तो ऐसी जगह हो जो मुझे घर न लगे

ये जो आईना है देखूँ तो ख़ला[6] दिखता है
इस जगह कुछ भी न लगवाऊँ तो बेहतर न लगे

तुमने छोड़ा तो किसी और से टकराऊँगा मैं
कैसे मुमकिन है कि अंधे का कहीं सर न लगे

---

1. झुटपुटा 2. चाहिए 3. कटे 4. माथा 5. माँगने वाली 6. शून्य

मिरे ख़िलाफ़ उनमें बाहमी[1] मशवरे हुए हैं
ये दोस्त जो एक-एक करके परे हुए हैं

छतें टपकना भी एक नेमत[2] है, मुद्दतों बाद
हमारे घर के तमाम बर्तन भरे हुए हैं

कोई इन्हें मार दे तो आधी सज़ा ही पाए
ये मुझसे वहशत-ज़दा[3] जो आधे मरे हुए हैं

हमारे कन्धों का झुकना, तबई[4] मरज़ नहीं है
हम एक नादीदा[5] बोझ उन पर धरे हुए हैं

अंधेरे कमरे में ख़ौफ़-ख़्वाहिश की कशमकश है
बड़े हँसे जा रहे हैं, बच्चे डरे हुए हैं

उदास माहौल, नम, फ़राहम[6] किया मुसलसल
बड़ी तग़ौ-दौ[7] से ज़ख़्म कुछ-कुछ हरे हुए हैं

मिरा मुक़द्दर है बस तअस्सुफ़[8] में हाथ मलना
किसी मशक़्क़त से थोड़ी ये खुरदरे हुए हैं

---

1. आपसी 2. ईश्वरीय कृपा 3. उन्मादी 4. स्वाभाविक 5. अदृश्य 6. उपलब्ध 7. दौड़-धूप 8. पश्चाताप

तिश्नगी[1] जिस्म की मिट्टी में गड़ी मिलती है
ऐसा लगता है कि प्यासों से लड़ी मिलती है

आँखें तारीक[2] नसीब इनसे ज़ियादा तारीक
हम अगर हाथ भी माँगें तो छड़ी मिलती है

इस बिना[3] पर मैं समझता हूँ कि ये जुड़वाँ हैं
इश्क़ की शक्ल अज़ीयत[4] से बड़ी मिलती है

अहले-ख़ाना[5] मुझे अब वक़्त नहीं दे पाते
वैसे हर साल जनम-दिन पे घड़ी मिलती है

ज़िन्दगी ख़स्ता-ओ-पामाल[6] मिली थी मुझको
जैसे रस्ते पे कोई चीज़ पड़ी मिलती है

साँस चढ़ जाती है आग़ाज़े-सफ़र[7] में अपनी
मेरे जैसों को कहाँ रेल खड़ी मिलती है

अब्र देखूँ तो बरस पड़ती है आँखें 'नजमी'
थल का बासी हूँ मुक़द्दर से झड़ी मिलती है

---

1. प्यास 2. अँधेरा 3. बुनियाद 4. पीड़ा 5. घरवाले 6. बरबाद 7. यात्रा का आरम्भ

चाहता हूँ कि नज़र, नूर[1] से मानूस[2] न हो
रौशनी हो, मगर इतनी हो कि महसूस न हो

कैसे खुल पाए, ये राशा[3] है कि भूचाल अगर
कमरे की छत से लटकता हुआ फ़ानूस न हो

ज़िन्दगी लम्बी तो हो सकती है, बे-अन्त नहीं
ख़ुदकुशी की भी सहूलत[4] है, तू मायूस न हो

तू दुआ कर कि मैं रोता रहूँ सहरा[5] न बनूँ
ख़ाक और नम[6] का तनासुब[7] कभी माकूस[8] न हो

जिस्म का अम्न सबोटाज़ किए रखती है
रूह दरअस्ल समावात[9] की जासूस न हो

कोई आसेब[10] भी छेड़े न मिरी तन्हाई
ऐसा घर देख जो ख़ाली तो हो, मनहूस न हो

अब ये ज़र्दी[11] भी भुगतना तो पड़ेगी कुछ दिन
मैं न कहता था हरे रंग में मलबूस[12] न हो

---

1. रौशनी 2. अभ्यस्त 3. हाथ की कँपकँपी 4. आसानी 5. रेगिस्तान 6. आर्द्रता 7. संतुलन (बैलेंस) 8. विपरीत, उल्टा 9. आकाश समूह 10. प्रेत 11. पीलापन 12. वस्त्र पहनना

जहाँ तलक तो मिरी ज़ात का तअल्लुक़ है
तिरे सिवाय जहाँ भर से ला-तअल्लुक़[1] है

हमें इकट्ठे कभी देखना कहीं बैठे
नहीं है, फिर भी लगेगा बड़ा तअल्लुक़ है

मैं इस को तोड़ते, अन्दर से टूट-फूट गया
मिरा ख़याल था कमज़ोर सा तअल्लुक़ है

ख़ुशी के बारे में महदूद[2] इल्म रखता हूँ
वो यूँ कि इससे मिरा दूर का तअल्लुक़ है

हमारा रब्त[3], तअर्रुफ़[4] से मावरा[5] है दोस्त
कभी किसी को बताना पड़ा, तअल्लुक़ है

मैं क़त्अ[6] करता नहीं सरसरी तअल्लुक़ भी
तुम्हारे साथ तो अच्छा भला तअल्लुक़ है

तअल्लुक़ात कशीदा[7] हैं आजकल सबसे
और इस की वज्ह तुम्हारा-मिरा तअल्लुक़ है

मैं तुझसे रब्त बना कर रहूँगा जो भी हो
तू आज़मा ले जहाँ तक तिरा तअल्लुक़ है

किसी के साथ बनाया तो फिर खुला मुझ पर
बराहे-रास्त[8] तअल्लुक़ भी क्या तअल्लुक़ है

---

1. असम्बन्धित 2. कम 3. सम्बन्ध 4. परिचय 5. परे 6. तोड़ता, काटता 7. ख़राब 8. सीधा, प्रत्यक्ष

बस इक उसी पे तो पूरी तरह अयाँ[1] हूँ मैं
वो कह रहा है मुझे रायगाँ,[2] तो हाँ, हूँ मैं

जिसे दिखाई दूँ, मेरी तरफ़ इशारा करे
मुझे दिखाई नहीं दे रहा कहाँ हूँ मैं

मैं ख़ुद को तुझसे मिटाऊँगा अहतियात[3] के साथ
तू बस निशान लगा दे जहाँ-जहाँ हूँ मैं

किसी ने पूछा कि तुम कौन हो ? तो भूल गया
मुझे किसी ने बताया तो था, फ़ुलां हूँ मैं

हर एक शख़्स को अपनी पड़ी हुई है यहाँ
मिरा ख़याल है अपनों के दरमियाँ हूँ मैं

किसी ज़बान की चुप के मआनी जानने हैं
मुझे बताओ, ख़मोशी का तर्जुमाँ[4] हूँ मैं

मैं किस से पूछूँ ये रस्ता दुरुस्त है कि ग़लत
जहाँ से कोई गुज़रता नहीं, वहाँ हूँ मैं

इधर-उधर से नमी का रिसाव रहता है
सड़क से नीचे बनाया गया मकाँ हूँ मैं

जबीं पे हिज्र[5] की तहरीर[6] दर्ज करने में
किसी पुराने क़लम की तरह रवाँ हूँ मैं

---

1. प्रकट 2. व्यर्थ 3. सावधानी 4. अनुवाद 5. वियोग 6. रेखांकन

खेल दोनों का चले, तीन का दाना न पड़े
सीढ़ियाँ आती रहें, साँप का ख़ाना[1] न पड़े

देख मे'मार[2] परिन्दे भी रहें, घर भी बने
नक़्शा[3] ऐसा हो कोई पेड़ गिराना न पड़े

मेरे होंठों पे किसी लम्स[4] की ख़्वाहिश है शदीद
ऐसा कुछ कर मुझे सिगरेट जलाना न पड़े

इस तअल्लुक़ से निकलने का कोई रास्ता दे
इस पहाड़ी पे भी बारूद लगाना न पड़े

रब्त[5] की ख़ैर है बस तेरी अना[6] बच जाये
इस तरह जा कि तुझे लौट के आना न पड़े

हिज्र[7] ऐसा हो कि चेहरे पे नज़र आ जाये
ज़ख़्म ऐसा हो कि दिख जाये, दिखाना न पड़े

---

1. घर 2. निर्माण करने वाला 3. डिज़ाइन 4. स्पर्श 5. सम्बन्ध 6. अभिमान 7. वियोग

दायें बाज़ू में गड़ा तीर नहीं खींच सका
इसलिए ख़ोल से शमशीर[1] नहीं खींच सका

शोर इतना था कि आवाज़ भी डिब्बे में रही
भीड़ इतनी थी कि ज़ंजीर नहीं खींच सका

हर नज़र से नज़रअन्दाज़शुदा[2] मंज़र[3] हूँ
वो मदारी हूँ जो रहगीर[4] नहीं खींच सका

मैंने मेहनत से हथेली पे लकीरें खींचीं
वो, जिन्हें कातिबे-तक़दीर[5] नहीं खींच सका

मैंने तस्वीरकशी[6] करके जवाँ की औलाद
उनके बचपन की तसावीर[7] नहीं खींच सका

मुझपे इक हिज्र[8] मुसल्लत[9] है हमेशा के लिए
ऐसा जिन है कि कोई पीर नहीं खींच सका

तुम पे क्या ख़ाक असर होगा मिरे शे'रों का
तुमको तो मीर तक़ी 'मीर' नहीं खींच सका

---

1. तलवार 2. अवहेलित 3. दृश्य 4. राह चलते 5. भाग्य लिखनेवाला 6 चित्र बनाना 7. तस्वीरें 8. वियोग 9. तारी

❦

मिरी भँवों के ऐन दरमियान बन गया
जबीं[1] पे इंतिज़ार का निशान बन गया

सुना हुआ था हिज्र[2] मुस्तक़िल[3] तनाव है
वही हुआ, मिरा बदन कमान बन गया

मुहीब[4] चुप में आहटों के वाहिमे[5] हुए
मैं सर से पाँव तक तमाम कान बन गया

हवा से, रौशनी से राबते[6] नहीं रहे
जिधर थीं खिड़कियाँ, उधर मकान बन गया

शुरूअ दिन से घर में सुन रहा था, इसलिए
सुकूत[7] मेरी मादरी ज़बान बन गया

और एक दिन खिंची हुई लकीर मिट गई
गुमाँ यक़ीं बना, यक़ीं गुमान बन गया

कई ख़फ़ीफ़[8] ग़म मिले, मलाल[9] बन गए
ज़रा ज़रा सी कतरनों से थान बन गया

मिरे बड़ों ने आदतन चुना था एक दश्त[10]
वो बस गया, रहीम यार ख़ान बन गया

---

1. माथे 2. वियोग 3. स्थाई 4. भयानक 5. वहम 6. सम्बन्ध 7. मौन 8. छोटे 9. पश्चाताप
10. बियाबान

❦

तुम इस ख़राबे[1] में चार-छह दिन टहल गई हो
सो ऐन-मुमकिन[2] है दिल की हालत बदल गई हो

तमाम दिन इस दुआ में कटता है कुछ दिनों से
मैं जाऊँ कमरे में तो उदासी निकल गई हो

किसी के आने से ऐसे हलचल हुई है मुझमें
ख़मोश जंगल में जैसे बन्दूक़ चल गई हो

यही न हो मैं हिलूँ तो गिरने लगे बुरादा
दुखों की दीमक, बदन की लकड़ी निगल गई हो

ये नींद, ख़्वाबों में यूँ पटखती है मुझको जैसे
नये जज़ीरे[3] पे व्हेल मछली उगल गई हो

ये छोटे-छोटे कई हवादिस[4] जो हो रहे हैं
किसी के सर से बड़ी मुसीबत न टल गई हो

हमारा मलबा हमारे क़दमों में गिर पड़ा है
कि प्लेट में जैसे मोमबत्ती पिघल गई हो

---

1. वीराने 2. सम्भव 3. द्वीप 4. हादसे

नक़ाब उड़ा तो मुझे सुर्ख़[1] लब दिखाई दिए
वो दो दिये जो हवा के सबब[2] दिखाई दिए

मैं जुज़्वी[3] अंधा था, दो-चार रंग दिखते थे
मगर जब उसने कहा, 'देख', सब दिखाई दिए

किसी के साथ किसी बाग़ में टहलते हुए
तमाम फूल बहुत बा-अदब[4] दिखाई दिए

ख़ला[5] में घूरूँ तो जो चेहरे बनने लगते हैं
पता नहीं ये कहाँ और कब दिखाई दिए

दबे हुए थे कई ख़्वाब आँसुओं के तले
मैं रो के सोया जब इक शाम, तब दिखाई दिए

नज़र झुकी ही नहीं उससे क़ब्ल,[6] हैरत है
कि उसके पाँव, बिछड़ने की शब[7] दिखाई दिए

सफ़र में जाना, मिरे दोस्त वो नहीं जो लगे
नज़र तो आते थे हर-रोज़, अब दिखाई दिए

अजब उजाड़ जज़ीरों[8] की सिम्त आ गया हूँ
मुझे लगा था किनारे हैं, जब दिखाई दिए

---

1. लाल 2. कारण 3. आधा-अधूरा 4. सम्मान के साथ 5. शून्य 6. पहले 7. रात 8. द्वीपों

मैं बढ़ाता हूँ रौशनी, देखें
ग़ौर से घर की तीरगी[1] देखें

वक़्त अब ठीक चल रहा है मिरा
आप ये क़ीमती घड़ी देखें

मेरी हैरत[2] पे जिनको हैरत है
उसकी तस्वीर लाज़िमी[3] देखें

कितने लोगों की अर्ज़ियाँ मिलेंगी
उसकी रद्दी की टोकरी देखें

जानते हैं मैं मर चुका, नहीं ना?
ऐसे करते हैं ख़ुदकुशी, देखें

अब लगाते हैं दूर की ऐनक
आँखें देखी हैं, ख़्वाब भी देखें

1. अँधेरा 2. आश्चर्य 3. आवश्यक रूप से

एक तारीख़े-मुक़र्रर[1] पे तू हर माह मिले
जैसे दफ़्तर में किसी शख़्स को तनख़्वाह मिले

रंग उखड़ जाये तो ज़ाहिर हो पलस्तर की नमी
क़हक़हा खोद के देखो तो तुम्हें आह मिले

जम्अ थे रात मिरे घर तिरे ठुकराए हुए
एक दरगाह पे सब रांदा-ए-दरगाह[2] मिले

मैं तो इक आम सिपाही था हिफ़ाज़त के लिए
शाहज़ादी! ये तिरा हक़ था तुझे शाह मिले

इक उदासी के जज़ीरे[3] पे हूँ अश्कों[4] में घिरा
मैं निकल जाऊँ अगर ख़ुश्क गुज़रगाह[5] मिले

इक मुलाक़ात के टलने की ख़बर ऐसे लगी
जैसे मज़दूर को हड़ताल की अफ़वाह मिले

घर पहुँचने की न जल्दी न तमन्ना है कोई
जिसने मिलना हो मुझे आए सरे-राह[6] मिले

---

1. निश्चित तिथि 2. दरगाह से बहिष्कृत 3. द्वीप 4. आँसुओं 5. रास्ता, पथ 6. रास्ते पर

बड़े तहम्मुल[1] से, रफ़्ता-रफ़्ता[2], निकालना है
बचा है तुझमें जो मेरा हिस्सा, निकालना है

ये रूह बरसों से दफ़्न है, तुम मदद करोगे?
बदन के मलबे से इस को ज़िन्दा निकालना है

नज़र में रखना कहीं कोई ग़म-शनास[3] गाहक
मुझे सुख़न[4] बेचना है, ख़र्चा निकालना है

निकाल लाया हूँ एक पिंजरे से इक परिंदा
अब इस परिंदे के दिल से पिंजरा निकालना है

ये तीस बरसों से कुछ बरस पीछे चल रही है
मुझे घड़ी का ख़राब पुर्ज़ा निकालना है

ख़याल है ख़ानदान को इत्तिलाअ दे दूँ
जो कट गया उस शजर[5] का शिजरा[6] निकालना है

मैं एक किरदार[7] से बड़ा तंग हूँ क़लमकार!
मुझे कहानी में डाल, ग़ुस्सा निकाला है

---

1. इत्मीनान, सब्र 2. धीरे-धीरे 3. दुख का पारखी 4. साहित्य 5. पेड़ 6. वंशावली 7. चरित्र

मिरी खिड़की पे बारिश, रात, ठक-ठक लग रही थी
तुम्हारा मुंतज़िर[1] था, मुझको दस्तक लग रही थी

तुम्हारी इक झलक धुँधला गई थी शह्‌रभर को
यहाँ हर देखने वाले को ऐनक लग रही थी

अकेला मैं नहीं था, घर भी दुख में मुब्तिला[2] था
किताबों, कुर्सियों, मेज़ों को दीमक लग रही थी

किसी के साथ आँगन में गुज़ारी आख़िरी धूप
मुझे उस रात के पिछले-पहर तक लग रही थी

कई पूरे-अधूरे नक़्श बनते जा रहे थे
मिरे हाथों से दीवारों पे कालक लग रही थी

हज़ारों खोल के रक्खे, दिखाए, बेच डाले
किसी की चश्मे-तर[3] ख़्वाबों की गाहक लग रही थी

तुम्हारे वस्ल[4] की घड़ियों में ऐसे जल रहा था
मुझे तो लम्स[5] की हिद्दत[6] भी ठंडक लग रही थी

जब उसकी ज़द[7] में आया, टूट कर बिखरा हवा में
मुहब्बत दूर से कमज़ोर बेशक लग रही थी

---

1. प्रतीक्षित 2. सम्मिलित 3. रोती हुई आँख 4. मिलन 5. स्पर्श 6. गर्मी 7. मार

❦

जिधर खड़ा था नहीं हूँ उधर किधर गया मैं
बिना बताये मुझे छोड़ कर किधर गया मैं

तमाम मुम्किना[1] जगहें तो देख आया हूँ
न राह में हूँ न दफ़्तर न घर किधर गया मैं

गुज़िश्ता[2] रात इकट्ठे थे एक दोस्त के हाँ
तमाम दोस्त पलट आये पर किधर गया मैं

मैं राह चलते हुओं को बुला के पूछता हूँ
जनाब देखा कहीं मुझको? सर! किधर गया मैं

ग़लत पते की तरह अजनबी लगी है ज़मीं
किधर उतरना था मैंने उतर किधर गया मैं

किसी के हिज्र[3] को रोया किसी से वस्ल[4] के बीच
किधर शिकस्ता[5] हुआ और बिखर किधर गया मैं

बदन की नर्म तमाज़त[6] को छोड़कर 'नजमी'
ये सर्द रात के पिछले पहर किधर गया मैं

---

1. सम्भव 2. बीती 3. वियोग 4. मिलन 5. टूटा 6. गर्मी

वो जिसका डर था कि होगा, गुज़िश्ता[1] शाम हुआ
अचानक एक तअल्लुक़ का इख़्तिताम[2] हुआ

उदासी ओढ़ना हमने सिखाया दुनिया को
हमारी वज्ह से काला लिबास आम हुआ

उस आदमी से मिले थे, जो दर्द बाँटता है?
हमारा नाम लिया था? तुम्हारा काम हुआ?

पता चला कि कई मुस्तक़िल[3] मुक़ीम[4] भी हैं
जब उसके दिल में मिरा आरिज़ी[5] क़याम[6] हुआ

ग़रीब बाप का तरका था हसरतों का ख़ला
जो दो तिहाई, विरासत में मेरे नाम हुआ

मरीज़ बच न सका, ख़ैर जो ख़ुदा की रज़ा[7]
वो अस्पताल के ख़र्चे का इंतिज़ाम हुआ

---

1. बीती 2. समाप्त होना 3. स्थाई 4. निवासी 5. अस्थाई 6. निवास 7. इच्छा

अम्मार इक़बाल

अम्मार इक़बाल

अम्मार इक़बाल उन गिने-चुने नौजवानों में हैं जो ग़ज़ल के साथ-साथ नज़्म के भी अच्छे शायर हैं। अम्मार इक़बाल की अब तक दो किताबें *मंज़रूप* और *परिन्दगी* आ चुकी हैं। 1986 में जन्मे अम्मार इक़बाल कराची, पाकिस्तान में रहते हैं। उनसे आप सम्पर्क ईमेल और फ़ोन पर कर सकते हैं - ammariqbal89@gmail.com
+92 3333358933

❦

थक गए हो तो थकन छोड़ के जा सकते हो
तुम मुझे वाक़ए्तन[1] छोड़ के जा सकते हो

हम दरख़्तों को कहाँ आता है हिजरत[2] करना
तुम परिन्दे हो वतन छोड़ के जा सकते हो

आने वाले से सवालात नहीं होते मियाँ
तुम यहाँ अपना बदन छोड़ के जा सकते हो

तुमसे बातों में कुछ इस दर्जा मगन होता हूँ
मुझको बातों में मगन छोड़ के जा सकते हो

---

1. वस्तुतः 2. घर छोड़ कर दूसरी जगह जा कर रहना

✤

जह्ल[1] को आगही[2] बनाते हुए
जल गया रौशनी बनाते हुए

क्या क़यामत किसी पे गुज़रेगी
आख़िरी आदमी बनाते हुए

उसने नासूर कर लिया होगा
ज़ख़्म को शायरी बनाते हुए

क्या हुआ था ज़रा पता तो चले
वक़्त क्या था? घड़ी बनाते हुए

कैसे चेहरे बना दिए तू ने
अपनी बे-चेहरगी बनाते हुए

दश्त[3] की वुसअतें[4] बढ़ानी थीं
मेरी आवारगी बनाते हुए

---

1. बुद्धिहीनता 2. बुद्धिमत्ता 3. वीराने 4. फैलाव

❦

मुझसे बनता हुआ तू तुझको बनाता हुआ मैं
गीत होता हुआ तू गीत सुनाता हुआ मैं

एक कूज़े के तसव्वुर से जुड़े हम दोनों
नक़्श[1] देता हुआ तू चाक घुमाता हुआ मैं

तुम बनाओ किसी तस्वीर में कोई रास्ता
मैं बनाता हूँ कहीं दूर से आता हुआ मैं

एक तस्वीर की तकमील[2] के हम दो पहलू
रंग भरता हुआ तू रंग बनाता हुआ मैं

मुझको ले जाये कहीं दूर बहाती हुई तू
तुझको ले जाऊँ कहीं दूर उड़ाता हुआ मैं

इक इबारत है जो तहरीर नहीं हो पाई
मुझको लिखता हुआ तू तुझको मिटाता हुआ मैं

मेरे सीने में कहीं ख़ुद को छुपाता हुआ तू
तेरे सीने से तिरा दर्द चुराता हुआ मैं

काँच का हो के मिरे आगे बिखरता हुआ तू
किर्चियों को तिरी पलकों से उठाता हुआ मैं

---

1. स्वरूप, आकृति 2. पूर्णता

❧

यूँ ही बे-बालो-पर खड़े हुए हैं
हम क़फ़स[1] तोड़ कर खड़े हुए हैं

ख़ुद ही जाने लगे थे और ख़ुद ही
रास्ता रोककर खड़े हुए हैं

दश्त[2] गुज़रा है मेरे कमरे से
और दीवारो-दर[3] खड़े हुए हैं

और कितनी घुमाओगे दुनिया
हम तो सर थामकर खड़े हुए हैं

बरगज़ीदा[4] बुज़ुर्ग नीम के पेड़
थक गये हैं मगर खड़े हुए हैं

मुद्दतों से हज़ारहा[5] आलम[6]
एक उम्मीद पर खड़े हुए हैं

---

1. पिंजरा 2. वीराना 3. दीवार-दरवाज़े 4. पुण्यात्मा 5. हज़ारों 6. संसार

✦

जो बची है गुज़ार दूँ? अच्छा!
ज़िन्दगी तुझ पे वार दूँ? अच्छा!

और तो कुछ नहीं है मेरे पास
ख़्वाब हैं, मुस्तआर[1] दूँ? अच्छा!

आज़मा लूँ तुझे वफ़ापैकर[2]
तुझको राहे-फ़रार[3] दूँ? अच्छा!

सब्र को तक़वियत[4] मिलेगी क्या?
जब्र[5] को इख़्तियार[6] दूँ? अच्छा!

तुम सुनो और अनसुनी कर दो
मैं सदा[7] बार-बार दूँ? अच्छा!

---

1. कुछ दिनों के लिए माँगी गई वस्तु 2. वफ़ा करने वाले 3. निकलने का रास्ता 4. सान्त्वना, शक्ति 5. हठ 6. अधिकार 7. आवाज़

❦

तीरगी[1] ताक़ में जुड़ी हुई है
धूप दहलीज़ पर पड़ी हुई है

दिल पे नाकामियों के हैं पैवंद
आस की सूई भी गड़ी हुई है

मेरे जैसी है मेरी परछाईं
धूप में पल के ये बड़ी हुई है

घेर रक्खा है नारसाई[2] ने
और ख़्वाहिश वहीं पड़ी हुई है

मैंने तस्वीर फेंक दी है मगर
कील दीवार में गड़ी हुई है

हारता भी नहीं ग़मे-दौरां[3]
ज़िद पे उम्मीद भी अड़ी हुई है

दिन किसी के ख़याल में गुम है
रात को ख़्वाब की पड़ी हुई है

---

1. अँधेरा 2. पहुँच न होना 3. दुख का समय

❦

पहले हमारी आँख में बीनाई[1] आई थी
फिर उसके बाद क़ूवते-गोयाई[2] आई थी

मैं अपनी ख़स्तगी[3] से हुआ और पाएदार[4]
मेरी थकन से मुझमें तवानाई[5] आई थी

दिल आज शाम से ही उसे ढूँढ़ने लगा
कल जिसके बाद कमरे में तन्हाई आई थी

वो किस की नग़मगी थी जो सातों सुरों में थी
रंगों में किसके रंग से रानाई[6] आई थी

फिर यूँ हुआ कि उसको तमन्नाई कर लिया
मेरी तरफ़ जो चश्मे-तमाशाई[7] आई थी

---

1. ज्योति 2. बोलने की शक्ति 3. टूटने 4. स्थाई, मज़बूत 5. ताक़त 6. चमक 7. देखनेवाली आँख

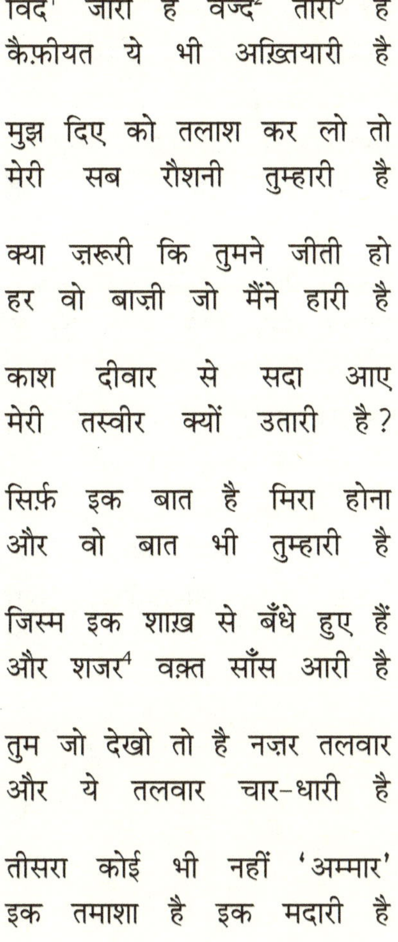

विर्द[1] जारी है वज्द[2] तारी[3] है
कैफ़ीयत ये भी अख़्तियारी है

मुझ दिए को तलाश कर लो तो
मेरी सब रौशनी तुम्हारी है

क्या ज़रूरी कि तुमने जीती हो
हर वो बाज़ी जो मैंने हारी है

काश दीवार से सदा आए
मेरी तस्वीर क्यों उतारी है?

सिर्फ़ इक बात है मिरा होना
और वो बात भी तुम्हारी है

जिस्म इक शाख़ से बँधे हुए हैं
और शजर[4] वक़्त साँस आरी है

तुम जो देखो तो है नज़र तलवार
और ये तलवार चार-धारी है

तीसरा कोई भी नहीं 'अम्मार'
इक तमाशा है इक मदारी है

1. बार-बार पाठ 2. आन्तरिक आनन्द की अनुभूति, ध्यान का नशा 3. छाया हुआ 4. पेड़

❦

बुत[1] के आगे जो गुड़िया पड़ी है
उस के सीने गें सूई गड़ी है

बेघरी घर बदल जाने पर भी
घर की दहलीज़ पर क्यों खड़ी है

मैंने चाहा था पहले कि तुमने?
उम्र में किस की चाहत बड़ी है

सिलसिले जिससे जोड़े गए हैं
सिलसिलों की ही कोई कड़ी है

जिसने आसाब[2] बाँधे हुए हैं
हर कलाई में ऐसी घड़ी है

---

1. मूर्ति 2. स्नायु, नसें

अक्स कितने उतर गए मुझमें
फिर न जाने किधर गए मुझमें

मैंने चाहा था ज़ख़्म भर जाएं
ज़ख़्म ही ज़ख़्म भर गए मुझमें

ये जो मैं हूँ ज़रा सा बाक़ी हूँ
वो जो तुम थे वो मर गए मुझमें

मेरे अन्दर थी ऐसी तारीकी[1]
आके आसेब[2] डर गए मुझमें

पहले उतरा मैं दिल के दरिया में
फिर समन्दर उतर गए मुझमें

कैसा ख़ाका बना दिया मुझको
कौन सा रंग भर गए मुझमें

मैं वो पल था जो खा गया सदियाँ
सब ज़माने गुज़र गए मुझमें

---

1. अँधेरा 2. प्रेत

✤

जाओ मातमगुज़ारो![1] जाने दो
जिसका ग़म है उसे मनाने दो

बीच से एक दास्ताँ टूटी
और पैदा हुए फ़साने दो

हाथ जिसको लगा नहीं सकता
उसको आवाज़ तो लगाने दो

तुम दिया हो तो उन पतंगों को
कम से कम रौशनी में आने दो

हम फ़क़ीरों को कुछ तो दो साहिब
कुछ नहीं दे सको तो ताने दो

---

1. मातम करने वालो

✾

अपने अंजाम से ना-बलद[1] बे-ख़बर[2] ख़्वाब लिखता रहा
ख़्वाब तोड़े गए फिर भी दस्ते-हुनर[3] ख़्वाब लिखता रहा

दाएँ बाएँ कई साये पैदा हुए और फ़ना[4] हो गए
मैं तो बस रौशनी की तरफ़ देखकर ख़्वाब लिखता रहा

छत से गिरती रही तेरे रुख़्सार[5] पर नुक़रई[6] रौशनी
पर तू सोती रही और मैं दीवार पर ख़्वाब लिखता रहा

सिर्फ़ कुछ ख़्वाब हैं जो मिरी आँख ही में पड़े रह गए
वर्ना मैं उम्र-भर उनमें से बेशतर[7] ख़्वाब लिखता रहा

वक़्त तेरे मिरे दरमियाँ से गुज़र कर चला भी गया
और मैं वक़्त की चाल से बे-ख़बर ख़्वाब लिखता रहा

फिर मुझे अजनबी आँख से इक बशारत[8] मिली और मैं
उस की तरसील[9] में रात-भर जाग कर ख़्वाब लिखता रहा

---

1. अपरिचित 2. लापरवाह 3. कला का हाथ 4. नष्ट 5. गाल 6. रुपहली 7. अधिकांश 8. दृष्टि 9. पहुँचाने

✤

चिराग़े-फ़िक्र[1] तुझे भी बुझाने वाला हूँ
मैं एक वह्म पर ईमान लाने वाला हूँ

अकेला बैठ गया कुर्सियाँ सजा कर मैं
अब उनको एक कहानी सुनाने वाला हूँ

मैं सोचता हूँ जला दूँ तुम्हारी दुनिया को
मगर अभी तो मैं सिगरट जलाने वाला हूँ

मैं आने वाला हूँ साहिल[2] से देखने वालो!
और अपने साथ में तूफ़ान लाने वाला हूँ

ख़ुद अपनी राह में काँटे बिछाये थे 'अम्मार'
अब अपनी राह में पलकें बिछाने वाला हूँ

---

1. चिन्तन दीप 2. किनारे

❦

तख़य्युल[1] को बरी[2] करने लगा हूँ
मैं ज़हनी[3] ख़ुदकुशी[4] करने लगा हूँ

मुझे ज़िन्दा जलाया जा रहा है
तो क्या मैं रौशनी करने लगा हूँ

मैं आईनों को देखे जा रहा था
अब उनसे बात भी करने लगा हूँ

तुम्हारी, बस तुम्हारी दुश्मनी में
मैं सबसे दोस्ती करने लगा हूँ

मुझे गुमराह करना ग़ैरमुम्किन[5]
मैं अपनी पैरवी करने लगा हूँ

---

1. विचारों 2. मुक्त 3. मानसिक 4. आत्महत्या 5. असंभव

ज़रा सी देर जले जल के राख हो जाए
वो रौशनी दे भले जल के राख हो जाए

मैं दूर जाके कहीं बाँसुरी बजाऊँगा
बला से रोम जले जल के राख हो जाए

वो आफ़ताब[1] जिसे तुम सलाम करते हो
जो वक़्त पर न ढले ढल के राख हो जाए

कोई चराग़ बचे सुब्ह तक तो तारीकी[2]
उसी चराग़ तले जल के राख हो जाए

जो एक लम्स[3] गुरेज़ाँ[4] है आतिशे-बेसोज़[5]
लगाये मुझको गले जल के राख हो जाए

1. सूर्य 2. अँधेरा 3. स्पर्श 4. बचता 5. बेदर्द आग

❦

जा रहा हूँ मैं उस परी की तरफ़
जैसे ज़रतुश्त रौशनी की तरफ़

आँख भरकर मैं देख लूँ जिसको
वो नहीं देखता किसी की तरफ़

हैरतें आइने की बाक़ी हैं
एक हैरान आदमी की तरफ़

जिस गली से निकल के भटके थे
फिर निकल आए उस गली की तरफ़

मुझसे पहले पहुँच गया ग़ाफ़िल[1]
अपनी ग़फ़लत[2] से आगही[3] की तरफ़

हस्बे-तौफ़ीक़[4] चीख़-चिल्ला कर
हो गया हूँ मैं ख़ामुशी की तरफ़

मोनालीज़ा को देखना पड़ा है
मुस्कुरा कर तिरी हँसी की तरफ़

---

1. भ्रमित 2. चूकों 3. ज्ञान 4. क्षमता भर

❦

नहीं कोई शिकायत भी नहीं है
मुझे बस ख़ुद में दिलचस्पी नहीं है

मिरी वो हिस[1] कोई मादूम[2] कर दे
कि जिसमें तेरी ख़ुशबू बस गई है

सुख़नआरा[3] तुम्हें मालूम है क्या
तुम्हारा कुछ न कहना शायरी है

तुम्हारी याद का बोसा[4] लिया तो
तुम्हारी याद भी शरमा गई है

जो सारी ज़िन्दगी मैंने नहीं की
मुझे उस बात की शर्मिंदगी है

मिरी दुश्वारियों पर हँसने वाले
मुझे तेरी सहूलत खा रही है

---

1. इन्द्रिय 2. नष्ट 3. शायर 4. चुम्बन

⚜

टूटी-फूटी कमान रखता हूँ
फिर भी सीने को तान रखता हूँ

एक बिस्तर के बस की बात नहीं
मुद्दतों की थकान रखता हूँ

ताकि मुझको वो सोचती ही रहे
मैं उसे बदगुमान[1] रखता हूँ

तू गिरेबान देखता है, मैं
जेब में आसमान रखता हूँ

मुझको 'अम्मार' अब ज़बाँ दी जाये
आँख रखता हूँ कान रखता हूँ

---

1. कुपित, क्रोधित

❦

बात मैं सरसरी नहीं करता
और वज़ाहत[1] कभी नहीं करता

एक ही बात मुझमें अच्छी है
और मैं बस वही नहीं करता

मुझको कैसे मिले भला फ़ुर्सत
मैं कोई काम ही नहीं करता

आप ही लोग मार देते हैं
कोई भी ख़ुदकुशी नहीं करता

एक जुगनू है तेरी यादों का
जो कभी रौशनी नहीं करता

---

1. स्पष्टीकरण

❦

चेहरा दिखे जो बीच से चेहरानुमा[1] हटे
कहता है मेरा अक्स कि अब आइना हटे

मुम्किन है इस ज़मीं पे गिरे आसमां का बोझ
मुम्किन है दरमियान से इक दिन ख़ला[2] हटे

है गुमरही का ज़ोम[3] न मैं रास्ती[4] पसन्द
मैं चाहता हूँ बीच से हर रास्ता हटे

हर सम्त[5] तेरी सम्त है हर सू[6] तिरी तरफ़
रस्ते पे क्या चले कोई रस्ते से क्या हटे

परछाईं भी पड़ी रही मैं भी खड़ा रहा
हम दोनों चाहते थे कि बस दूसरा हटे

---

1. चेहरा दिखाने वाला 2. शून्य 3. दर्प 4. सत्यता प्रिय 5. दिशा 6. ओर

ज़िया मज़कूर

ज़िया मज़कूर

ज़िया मज़कूर का जन्म 14 अगस्त 1993 में हुआ। वे बहावलपुर, पाकिस्तान के रहने वाले हैं। उनकी शायरी की तमाम ख़ूबियों में एक ख़ूबी यह भी है कि उनके शे'र पाठक को आसानी से याद हो जाते हैं। उनसे आप सम्पर्क ईमेल और फ़ोन पर कर सकते हैं - ziamazkoor@gmail.com +92 3026768676

ये मजमा तुमको सुनना चाहता है
वगरना शोर किस का मसअला है

मुझे अब और कितना रोना होगा
तिरा कितना बक़ाया रह गया है

ख़ुशी महसूस करने वाली शय थी
परिन्दों को उड़ा कर क्या मिला है

दरीचे बन्द होते जा रहे हैं
तमाशा ठंडा पड़ता जा रहा है

तुम्हीं मज़मून[1] बाँधो शायरी में
अपुन लहजा बनाना माँगता है

ये कासे[2] जल्द भरने लग गए हैं
भिखारी बद्दुआ देने लगा है

तुम्हारी एक दिन की सोच है और
हमारा उम्र-भर का तजरुबा है

1. विषय 2. भिक्षापात्र

न चलती है न रुकती है फ़क़ीरा
तिरी दुनिया भी अच्छी है फ़क़ीरा

तुम्हें हटना पड़ेगा रास्ते से
ये शाहों की सवारी है फ़क़ीरा

हमारे नातवां[1] कन्धों पे मत रख
तसव्वुफ़[2] भारी गठरी है फ़क़ीरा

तिरी गद्दी को लेकर इतने झगड़े
अभी तो पहली पीढ़ी है फ़क़ीरा

फ़क़त ये सोच कर ख़ामोश हूँ मैं
तुम्हारी रोज़ी-रोटी है फ़क़ीरा

हम उसके आस्तां तक कैसे पहुँचे
बड़ी लम्बी कहानी है फ़क़ीरा

हमारे मानने वालों में हो जा
हमारा फ़ैज़[3] जारी है फ़क़ीरा

---

1. दुर्बल 2. अध्यात्म 3. दानशीलता, उपकार

अब बस उसके दिल के अन्दर दाख़िल होना बाक़ी है
छह दरवाज़े तोड़ चुका हूँ इक दरवाज़ा बाक़ी है

दौलत, शुहरत, बीवी, बच्चे, अच्छा घर और अच्छे दोस्त
कुछ तो है जो उनके बाद भी हासिल करना बाक़ी है

मैं बरसों से खोल रहा हूँ इक औरत की साड़ी को
आधी दुनिया घूम चुका हूँ आधी दुनिया बाक़ी है

कभी कभी तो दिल करता है चलती रेल से कूद पड़ूँ
फिर कहता हूँ पागल अब तो थोड़ा रस्ता बाक़ी है

क्या मालूम कि दोनों में से ज़ियादा बरहम[1] कौन हुआ
आधी रोटी थोड़ा सालन किस का हिस्सा बाक़ी है

उसकी ख़ातिर बाज़ारों में भीड़ भी है और रौनक़ भी
मैं गुम होने वाला हूँ बस हाथ छुड़ाना बाक़ी है

---

1. नाराज़

ऐसे उस हाथ से गिरे हम लोग
टूटते टूटते बचे हम लोग

अपना क़िस्सा सुना रहा है कोई
और दीवार के बने हम लोग

वस्ल[1] के भेद खोलती मिट्टी
चादरें झाड़ते हुए हम लोग

उस कबूतर ने अपनी मर्ज़ी की
सीटियाँ मारते रहे हम लोग

पूछने पर कोई नहीं बोला
कैसे दरवाज़ा खोलते हम लोग

हाफ़िज़े के लिए दवा खाई
और भी भूलने लगे हम लोग

ऐन-मुमकिन था लौट आता वो
उसके पीछे नहीं गए हम लोग

---

1. मिलन

ज़ियादा कुछ नहीं हिम्मत तो कर ही सकते हैं
इक अच्छे काम की नीयत तो कर ही सकते हैं

ख़ुदा के हाथ से लिक्खा मुक़द्दर अपनी जगह
हम उसके बन्दे हैं मेहनत तो कर ही सकते हैं

ग़रीब लोग मरम्मत न कर सकें तो क्या
शिकस्ता[1] घर की हिफ़ाज़त[2] तो कर ही सकते हैं

हमारे बच्चे इजाज़त तलब[3] नहीं करते
मगर बताने की ज़हमत[4] तो कर ही सकते हैं

हज़ारों साल गुज़ारे हैं मुक़तदी[5] रह कर
इक-आध बार इमामत तो कर ही सकते हैं

तो क्या हुआ जो शरीके-हयात[6] बन न सके
तुम्हारी शादी में शिरकत[7] तो कर ही सकते हैं

---

1. भग्न 2. सुरक्षा 3. माँगते 4. कष्ट 5. इमाम के पीछे नमाज़ पढ़ने वाला व्यक्ति 6. जीवनसाथी
7. सम्मिलित

ये और बात कि पानी है इसमें रम नहीं है
तिरा गिलास भी तेरे लबों[1] से कम नहीं है

उधार माँग के शर्मिन्दा कर दिया उसने
वगरना ये कोई इतनी बड़ी रक़म नहीं है

तुम इसके सामने कैसे भी बैठ सकती हो
ये मेरा दोस्त है और इतना मुहतरम[2] नहीं है

अजीब तर्ज़ के दुश्मन का सामना है मुझे
कमाँ में तीर नहीं हाथ में क़लम नहीं है

किसी के जाने से दिल टूट क्यों नहीं जाता
ये कैसा घर है जिसे हिजरतों[3] का ग़म नहीं है

---

1. होंठों 2. सम्मानित 3. बिछोह

ये बात सोच के तेरे हुए हैं हम दोनों
कि तुझको ले के बहुत लड़ चुके हैं हम दोनों

ये सरहदें तो अभी कल बनी हैं मेरे दोस्त
हज़ारों साल इकट्ठे रहे हैं हम दोनों

कोई तो था वो जो अब हाफ़िज़े[1] का हिस्सा नहीं
वो बात क्या थी जो भूले हुए हैं हम दोनों

तुम ऐसी बात किसी को नहीं बताओगी
मुझे लगा था बड़े हो चुके हैं हम दोनों

इकट्ठे सिर्फ़ गली से नहीं गुज़रने लगे
किसी के दिल से गुज़रने लगे हैं हम दोनों

हज़ारों जोड़े गुलाबों में छिप के बैठे हैं
ये और बात कि पकड़े गए हैं हम दोनों

1. याद्दाश्त

वक़्त ही कम था फ़ैसले के लिए
वर्ना मैं आता मशवरे के लिए

तुमको अच्छे लगे तो तुम रख लो
फूल तोड़े थे बेचने के लिए

घंटों ख़ामोश रहना पड़ता है
आपके साथ बोलने के लिए

सैकड़ों कुंडियाँ लगा रहा हूँ
चंद बटनों को खोलने के लिए

तर्क[1] अपनी फ़लाह[2] कर दी है
और क्या हो मुआशरे[3] के लिए

एक दीवार बाग़ से पहले
इक दुपट्टा खुले गले के लिए

लोग आयात पढ़के सोते हैं
आपके ख़्वाब देखने के लिए

अब मैं रस्ते में लेट जाऊँ क्या
जाने वालों को रोकने के लिए

---

1. छोड़ना 2. भलाई 3. सामाजिकता

❦

इसी नदामत से उसके कन्धे झुके हुए हैं
कि हम छड़ी का सहारा लेकर खड़े हुए हैं

यहाँ से जाने की जल्दी किसको है तुम बताओ
ये सूटकेसों में कपड़े किसने रखे हुए हैं

करा तो लूँगा इलाक़ा ख़ाली मैं लड़-झगड़ कर
मगर जो उसने दिलों पे क़ब्ज़े किए हुए हैं

वो ख़ुद परिन्दों का दाना लेने गया हुआ है
और उसके बेटे शिकार करने गए हुए हैं

तुम्हारे दिल में खुली दुकानों से लग रहा है
ये घर यहाँ पर बहुत पुराने बने हुए हैं

मैं कैसे बावर[1] कराऊँ जा कर ये रौशनी को
कि इन चराग़ों पे मेरे पैसे लगे हुए हैं

तुम्हारी दुनिया में कितना मुश्किल है बच के चलना
क़दम क़दम पर तो आस्ताने[2] बने हुए हैं

तुम उनको चाहो तो छोड़ सकते हो रास्ते में
ये लोग वैसे भी ज़िन्दगी से कटे हुए हैं

---

1. विश्वास 2. बुज़ुर्गों की मज़ार

बोल पड़ते हैं हम जो आगे से
प्यार बढ़ता है इस रवय्ये से

मैं वही हूँ यक़ीं करो मेरा
मैं जो लगता नहीं हूँ चेहरे से

हमको नीचे उतार लेंगे लोग
इश्क़ लटका रहेगा पंखे से

सारा कुछ लग रहा है बेतरतीब[1]
एक शय[2] आगे पीछे होने से

वैसे भी कौन सी ज़मीनें थीं
मैं बहुत ख़ुश हूँ आक़नामे[3] से

ये मुहब्बत वो घाट है जिस पर
दाग़ लगते हैं कपड़े धोने से

---

1. अस्त-व्यस्त 2. वस्तु 3. किसी को रद्द करने का पत्र

ज़रा सा मुख़्तलिफ़[1] क्या सोचते थे
सभी तन्क़ीद[2] करने लग गए थे

तुम्हारा शुक्रिया ऐ डूबती नाव
कि हम भी तैरना भूले हुए थे

मुहब्बत जान ले लेती हमारी
हमीं ने हाथ ऊपर कर लिए थे

अगर तू आज भी वापस न आता
ये सब तेरा जनाज़ा[3] पढ़ चुके थे

तिरे इस गाँव में आने से पहले
हमारे आस्ताने चल रहे थे

हदफ़[4] तो और ही कोई था मेरा
परिन्दे मुफ़्त में मारे गए थे

कोई कहता नहीं था लौट आओ
कि हम पैसे ही इतने भेजते थे

---

1. भिन्न 2. आलोचना 3. मृत्यु के बाद की नमाज़ 4. निशाना

❦

यूँ भी उस रात मिरे पास समय थोड़ा था
काम ऐसा था कि जल्दी में नहीं होना था

जितने प्यासे थे खड़े देख रहे थे ख़ाली
मैंने उठवा के तिरे सर पे घड़ा रक्खा था

दोष इसमें तिरे हुलिये का है लोगों का नहीं
पहले-पहले तुझे मैंने भी ग़लत समझा था

गुफ़्तगू बाद में होती थी तिरे बारे में
पहले पिस्तौल को टेबल पे रखा जाता था

तुम भी होते तो ये सोने पे सुहागा होता
उन दिनों जेब में जब मेरी बहुत पैसा था

और तो कुछ नहीं इस बात का दुख है मुझको
मैंने औरों की तरह तुझको नहीं बरता था

बाप ने मरते हुए कुंजी तो ऐसे मुझे दी
जैसे लॉकर में ख़ज़ाने का कोई नक़्शा था

❦

अगर हम लोग नक़्शा देख लेते
तो अब तक सारी दुनिया देख लेते

घुटन भी घटती खिड़की खोलने से
तमाशे का तमाशा देख लेते

मुहब्बत करते छोटी उम्र में और
जवानी में बुढ़ापा देख लेते

ज़रा पहले जनम लेते तो हम भी
चराग़ों का ज़माना देख लेते

कोई भी रंग अनदेखा न रहता
अगर उसका पराँदा[1] देख लेते

हमारे दोस्त ही ऐसे नहीं थे
वगरना हम भी कोठा देख लेते

वहीं पर बैठ जाते लिखने उसको
जहाँ भी डाकख़ाना देख लेते

घरों से चोरियाँ[2] लाते बना कर
जो उस कंधे पे तोता देख लेते

---

1. चुटीला 2. चारा

मेरे कमरे में इक ऐसी खिड़की है
जो उन आँखों के खुलने पर खुलती है

ऐसे तेवर दुश्मन ही के होते हैं
पता करो ये लड़की किसकी बेटी है

रात को इस जंगल में रुकना ठीक नहीं
इससे आगे तुम लोगों की मर्ज़ी है

उसकी ख़ातिर घर से बाहर ठहरा हूँ
वर्ना इल्म[1] है चाबी गेट पे रक्खी है

तू तो इसकी बातें ऐसे करता है
दुनिया जैसे तेरे घर की लौंडी है

मैं इस शह्र का चाँद हूँ और ये जानता हूँ
कौन सी लड़की किस खिड़की में बैठी है

1. ज्ञात

❦

कैसे-कैसे कामों के तावीज़ बना कर देती हो
सच में अल्ला वाली हो या जादू करने वाली हो

क़सम ख़ुदा की मैंने उसको तुम्हें समझ कर चूमा था
ऊपर से तुम दोनों भी तो दिखने में इक जैसी हो

क्या तुम तब भी ऐसे ही चुपचाप तमाशा देखोगे
इस मुश्किल में फँसने वाली अगर तुम्हारी बेटी हो

गुम हो जाने वाले दोष नहीं दे सकते नक़्शे को
सीधा रस्ता मिल जाता है जितनी भी गुमराही हो

वर्ना कोई शौक़ नहीं है मुझको सख़्ती करने का
वो तो मालिक बोले थे तुम मेरी ज़िम्मेदारी हो

दुनिया तुझ पर और तेरी माँ पर ख़ाली हँस सकती है
तेरा दर्द वही समझेगा जिसका बाप शराबी हो

जब इस घर की हर खिड़की पर काँटे पहरा देते हैं
तुम किस फूल की ख़ुशबू हो और अन्दर कैसे आई हो

फ़ोन तो दूर वहाँ ख़त भी नहीं पहुँचेंगे
अबके ये लोग तुझे ऐसी जगह भेजेंगे

ज़िन्दगी देख चुके तुझको बड़े पर्दे पर
आज के बाद कोई फ़िल्म नहीं देखेंगे

मसअला ये है मैं दुश्मन के क़रीं[1] पहुँचूँगा
और कबूतर मिरी तलवार पे आ बैठेंगे

हमको इक बार किनारों से निकल जाने दो
फिर तो सैलाब के पानी की तरह फैलेंगे

तू वो दरिया है अगर जल्दी नहीं की तूने
ख़ुद समन्दर तुझे मिलने के लिए आएँगे

सीग़ा-ए-राज़[2] में रक्खेंगे नहीं इश्क़ तिरा
हम तिरे नाम से ख़ुशबू की दुकाँ खोलेंगे

---

1. पास 2. गोपनीयता

शाह से छुप कर क़ैदी ने शहज़ादी को पैग़ाम लिखा
जंग से भागने वालों में शहज़ादे का भी नाम लिखा

दूर-दराज़ से आने वाले ख़त मेरी हमसाई[1] के थे
इक दिन उसने हिम्मत करके अपना अस्ली नाम लिखा

एक मुहब्बत ख़त्म हुई तो दूसरी की तैयारी की
नई कहानी के आग़ाज़[2] में पहली का अंजाम[3] लिखा

हम दोनों ने अपने-अपने दीन पे क़ायम रहना था
घर की इक दीवार पे अल्ला इक दीवार पे राम लिखा

उसने मुझमें शक के कुछ दरवाज़े खोले और मैंने
इक दीवार पे अपना नम्बर लिख कर उसका नाम लिखा

---

1. पड़ौसन 2. प्रारम्भ 3. परिणाम

शक गुज़रा था पिंजरे पर
मैंने फ़ौरन खोले पर

ज़ंग ने आख़िरी दस्तक दी
लोहे के दरवाज़े पर

इक छोटा सा काम किया
बहुत बड़े पैमाने पर

आयत पढ़ कर फूँकी थी
टूटने वाले धागे पर

चीख़ रहे हैं भूखे पेट
नामालूम[1] जनाज़े[2] पर

रहमत[3] भी और झगड़ा भी
बेटी पैदा होने पर

क्यों बन्दूक़ चलाते हो
रखकर मेरे कन्धे पर

---

1. अज्ञात, अपरिचित 2. अर्थी 3. ईश्वरीय कृपा

सईद शारिक़

सईद शारिक़

3 जून 1993 में पाकिस्तान के शहर इस्लामाबाद में पैदा हुए सईद शारिक़ अपनी शायरी में मुहब्बत की ऐसी ख़ुशबू लेकर आये हैं जो इस्लामाबाद की गलियों को पीछे छोड़ते हुए मानो पूरी दुनिया में फैल जाना चाहती है। उनसे सम्पर्क ईमेल और फ़ोन पर कर सकते हैं -

saeed.shariq@gmail.com, +92 3315428854

❦

किस अब्रे-रवाँ[1] के सर[2] गए हैं
वो नाले[3] जो बेअसर[4] गये हैं

देखा है बग़ौर[5] जाने किसने
तस्वीर के ज़ख़्म भर गये हैं

दलदल में धँसी हुई है रूहें[6]
गो[7] क़ाफ़िले तो गुज़र गये हैं

ये सानिहा सानिहा[8] कहाँ है
दिन-रात यूँ ही ठहर गये हैं

अख़बार छपा हुआ है दिल पर
कहने को तो बेख़बर गये हैं

गाड़ी में बैठे-बैठे 'शारिक़'
हम दूर कहीं उतर गये हैं

1. उड़ते बादल 2. माथे पड़े 3. आर्त्तनाद 4. व्यर्थ 5. ध्यान से 6. आत्माएं 7. यद्यपि 8. दुर्घटना

दबोच ले न आग नागहाँ[1] मुझे
किया न जा चुका हो रायगाँ[2] मुझे

बस इतना याद है कि नाव में था मैं
न जाने कौन ले गया कहाँ मुझे

अलाव जल चुका था रूह में मगर
खटक रहा था मुंजमिद[3] धुआँ मुझे

ये रंज बेहतरीन दोस्त ही सही
रखेगा कितने रोज़ अपने हाँ मुझे

मिरी ही ज़द[4] में आके ग़र्क़[5] हो गयीं
बहुत अज़ीज़ थीं जो कश्तियाँ मुझे

वो फूल तो कभी का ख़ाक हो चुका
न जाने घूरती है क्यों ख़िज़ाँ[6] मुझे

---

1. अकारण 2. व्यर्थ 3. जमा हुआ, ठोस 4. निशाना 5. डूबना 6. पतझड़

सियह[1] आतिश[2] में पिघलाने लगी है
मुझे अब राख झुलसाने लगी है

अभी धुँधला नहीं आवाज़ का अक्स[3]
मगर तस्वीर हकलाने लगी है

तुम्हारे ग़म के आने की ख़ुशी में
उदासी नाचने-गाने लगी है

घुला जाता है साया धीरे-धीरे
सो अब दीवार पछताने लगी है

बनी सँवरी हुई है रूह 'शारिक़'
ख़ुदा जाने कहाँ जाने लगी है

1. काली 2. आग 3. चित्र

शाम की सर्द-सर्द धूप थक के गिरी थी लान में
और मैं ग़र्क़ हो गया धुंध भरे गुमान में

तेरे बग़ैर ज़िन्दगी मेहर-ब-चश्म[1] कट गई
कोई न हमसुख़न[2] हुआ मुझसे तिरी ज़बान में

आँखों पे रेंगती रही रंग बिरंगी चीटियाँ
जाने वो कैसा शहद था नींद के मर्तबान में

ख़्वाब निकालते हुए गठरी सँभालते हुए
आख़िरे-कार[3] दब गये वक़्त की गहरी खान में

कितनी सदायें[4] आज भी दस्तकें देती रह गईं
तेरे सुकूत[5] के सिवा कोई न था मकान में

---

1. कृपा दृष्टि 2. बोला 3. अन्ततः 4. ध्वनियाँ 5. शान्ति

इस क़दर बर्फ़ जम गयी मुझमें
अब ठिठुरती है आग भी मुझमें

ज्यूँ ही छुपता हूँ मैं अँधेरे में
फूट पड़ती है रौशनी मुझमें

आते जाते हैं क़ाफ़िले लेकिन
झाँकता ही नहीं कोई मुझमें

वक़्त-बेवक़्त अलार्म बजता है
चल पड़ी है अजब घड़ी मुझमें

ये अलग बात है कि ख़ाली हूँ
ढूँढता है जगह कोई मुझमें

वाक़ई बिलयक़ीं[1] चला जाऊँ?
ऐ मकाँ! ऐ मकीं[2] चला जाऊँ?

सफ़र इस सोच में तमाम हुआ
रुक न जाऊँ? नहीं, चला जाऊँ

आइने! यूँ ही चुप रहेगा क्या?
ऐ मिरे नुक्ताचीं![3] चला जाऊँ

तंग आया हुआ हूँ दुनिया से
सोचता हूँ कहीं चला जाऊँ

फिर भी रह जाऊँगा यहीं 'शारिक़'
लाख अपने तईं चला जाऊँ

---

1. पक्का 2. निवासी 3. आलोचक

चलती रही रगों में शाम कोई ठहर नहीं सका
आह ! ये तीरगी[1] का ज़हर कुछ भी तो कर नहीं सका

सिलसिला-ए-नुमू[2] में है अब वो मिरे लहू में है
पेड़ जो पल नहीं सका ज़ख़्म जो भर नहीं सका

बारे-मलालो-अश्क[3] से ख़्वाब के शाने झुक गये
बोझ उठा लिया मगर पलकों पे धर नहीं सका

अब भी उन्हीं नशिस्तों[4] पर बैठे हैं साथ साथ हम
गाड़ी के पहिये घिस गये वक़्त गुज़र नहीं सका

कितनी ही बारिशें हुईं उजड़े मकान पर मगर
छत न टपक सकी कभी रंग उतर नहीं सका

1. अँधेरे 2. उगने की प्रक्रिया में 3. आँसुओं और दुख का बोझ 4. आसनों

❦

दीवार गिरा के देखता हूँ
मंज़र को हटा के देखता हूँ

क्या तुझ पे यक़ीन हो कि ख़ुद को
अब हाथ लगा के देखता हूँ

घट जाये मेरा मलाल शायद
वीराना बसा के देखता हूँ

मुमकिन है ये पेड़ साथ चल दें
कुछ बार[1] घटा के देखता हूँ

हम कैसे दिखाई देते इक साथ
तस्वीरें बना के देखता हूँ

क्या उगता है किरचियों से 'शारिक़'
मिट्टी में दबा के देखता हूँ

---

1. बोझ

रगों से याद का नीला लहू निचोड़ता हूँ
मैं बाग़े-हिज्र[1] से हर शाम फूल तोड़ता हूँ

ये और बात कभी जागते नहीं हैं हम
उसे हिलाता हूँ ख़ुद को कभी झिंझोड़ता हूँ

हवा-ए-रफ़्ता[2] की आहट से टूट जाती हैं
वो पत्तियाँ जिन्हें एक एक करके जोड़ता हूँ

ये गिर्द-बाद[3] उसे ही तबाह करता नहीं
मैं अपना रुख़ कभी अपनी तरफ़ भी मोड़ता हूँ

वो एक सुस्त-क़दम साया हाथ आ न सका
अगरचे कहने को मैं कितना तेज़ दौड़ता हूँ

---

1. वियोग-वाटिका 2. बीती हवा, जा चुकी हवा 3. तूफ़ान

अश्क[1] कैसे ये कोई और नमी निकली है
ख़ुश ही इतना हूँ कि आँखों से हँसी निकली है

तीन हिस्सों में बँटा रहता है अब घर मेरा
तेरे आ जाने से कब तेरी कमी निकली है

ऐन मुमकिन है वहीं मेरे शबो-रोज़[2] भी हों
शहरे-नावक़्त के मलबे से घड़ी निकली है

कौन आसेब[3] है इस ख़्वाबसरा[4] का बासी
रौशनी आँख से चिल्लाती हुई निकली है

ख़ैर मैं तो कहीं मौजूद ही कब हूँ 'शारिक़'
रही वीरानी सी वो घर से अभी निकली है

---

1. आँसू 2. रात और दिन 3. प्रेत 4. सपनों की जगह

दिल में उतरे न उदासी से भरी कहलाये
कोई तो शाम हो ऐसी जो नमी कहलाये

एक आवाज़ जो आँखों के लिए चश्मा हो
एक अहसास जो हाथों की छड़ी कहलाये

हिन्दसे[1], सूइयाँ[2] फिर मेरी कलाई पे खिंचे
वक़्त दोनों का घड़ी सिर्फ़ तिरी कहलाये

इक नज़र ही में उसे देख लिया है इतना
आँख ख़ाली भी अगर हो तो भरी कहलाये

दास्ताँ बनती गयी देव[3] में ढलता गया मैं
उसकी ख़्वाहिश थी कि वो ख़ुद भी परी कहलाये

दिल में उड़ता ये उदासी का परिन्दा 'शारिक़'
शाख़े-लब[4] पर कभी बैठे तो हँसी कहलाये

---

1. क्रमांक, नम्बर 2. घड़ी की सूइयाँ 3. राक्षस 4. होंठों की डाली

❦

ये जो आँखें दिखा रहा हूँ मैं
अस्ल में डर छिपा रहा हूँ मैं

कितना मुश्किल है नग़मा-ए-हिजराँ[1]
किस सहूलत[2] से गा रहा हूँ मैं

शाम आई है शाम आई है
कब से दिन को जगा रहा हूँ मैं

ज़र्ब[3] लगती है रूह पर मेरी
कैसी दीवार ढा रहा हूँ मैं

हो भी सकता है वो जुदा मुझसे
पट्टियाँ तो पढ़ा रहा हूँ मैं

शायद उसका सुराग़ मिल जाये
अपना मलबा हटा रहा हूँ

दश्त[4] भी मुझसे तंग है 'शारिक़'
जाने क्या गुल खिला रहा हूँ मैं

---

1. विछोह का गीत 2. सरलता 3. चोट 4. वीराना

❦

कभी ख़ाइफ़[1] था फ़क़त[2] दर[3] मुझसे
भागता फिरता है अब घर मुझसे

मुझे मत देख मिरे पास न आ
मैं फ़सुर्दा[4] हूँ बहुत डर मुझसे

लड़खड़ाती हुई फिरती है निगाह
टूटते जाते हैं मंज़र मुझसे

शाम के बोझ से दुहरी है कमर
क्या उठे रात का पत्थर मुझसे

मैं रवाँ[5] था किसी दरिया की तरह
नाव टकराती रही सर मुझसे

मौजा-ए-गर्द[6] उठेगा 'शारिक़'
और पलट जायेगा होकर मुझसे

---

1. भयभीत 2. केवल 3. द्वार 4. उदास 5. गतिमान 6. धूल की लहर

जिस बाग़ का पौधा है उधर क्यों नहीं लगता
वो ज़ख़्म मुझे बारे-दिगर[1] क्यों नहीं लगता

हम दोनों की वीरानी भी शामिल है तो ये दश्त[2]
क्यों दश्त नज़र आता है घर क्यों नहीं लगता

वैसे मैं तमाशा तो तुझे लगता हूँ अब भी
इक बार ज़रा देख इधर क्यों नहीं लगता

क्यों ख़र्च किये जाता हूँ तेरी भी उदासी
अब तेरा ज़रर[3] अपना ज़रर क्यों नहीं लगता

ये अनछुए अहसास की हर पोर में गर्दिश
इस तरह हमें ज़िन्दगी भर क्यों नहीं लगता

अच्छा दरे-तन्हाई खुला रहने दूँ यानी
दीवार से लग जाऊँ? मगर क्यों, नहीं लगता

क्या है कि कभी फूलों में ढलती नहीं कलियाँ
ये ग़म का शजर[4] है तो समर[5] क्यों नहीं लगता

क्यों रूह नहीं काँपती कुछ सोचके 'शारिक़'
डरता हूँ कि अब हिज्र से डर क्यों नहीं लगता

---

1. दुबारा 2. वीराना 3. हानि 4. पेड़ 5. फल

लाख चीख़ें ग़ुल मचायें कम न हो
ख़ामुशी की लौ कभी मद्धम न हो

क्या धमक पड़ती है मुझमें क्या कहूँ
गूँज हो पर इस तरह पैहम[1] न हो

यूँ न हो भर जाये पोरों तक ग़ुबार
डूब जाये दश्त लेकिन नम न हो

क्या ख़बर ये अश्क[2] मिसरा[3] हो कोई
क्या ख़बर ये नज़्म ही हो ग़म न हो

भागता हूँ तो क़दम उठते नहीं
ये सभी कुछ ख़्वाब का आलम न हो

1. लगातार 2. आँसू 3. पंक्ति

दरिया है सो तुग़यानी[1] से पहले ही उतर जाय
वो आप जुदा होने से बेहतर है कि मर जाय

फिर भूल के पी बैठा हूँ इक ख़्वाब के दो घूँट
ये ज़हर कहीं वाक़अतन[2] काम न कर जाय

यूँ बैठे-बिठाये ही लरज़ उठता हूँ अब मैं
जिस तरह अचानक कोई सोते हुए डर जाय

ये सोच के रुक जाता है हर बार मिरा हाथ
मुँह नोचूँ तो मुमकिन है कि वो और निखर जाय

ऐ साअते-आइन्दा[3] गुज़ारूँगा तुझे भी
फ़िलहाल ये ठहरा हुआ लम्हा तो गुज़र जाय

ये आग फ़क़त मुझको जला सकती है 'शारिक़'
मैं भी न सुनूँ तो मिरी आवाज़ किधर जाय

---

1. बाढ़ 2. वस्तुतः 3. भविष्यगत क्षण

जिसको समझा है घर गली तो नहीं
ग़ौर से देख हम वही तो नहीं

क्यों इकट्ठा है मुझमें इतना हुजूम
दिल मदारी की डुगडुगी तो नहीं

ग़र्क़ होते ही याद आया मुझे
इक परी है वो जलपरी तो नहीं

हँस पड़े हैं तो सोचते हैं अब
वैसे हँसने की बात थी तो नहीं

देखती क्या हो बार बार उसे
आइना है कोई घड़ी तो नहीं

क्यों नहीं जा रहा यहाँ से वहाँ
कहीं ये शोर ख़ामुशी तो नहीं

मूँद लो आँखें और फिर देखो
कौन है दूर कोई भी तो नहीं

लम्हा भर को रुका नहीं हूँ मैं
और फिर भी गया नहीं हूँ मैं

दो घड़ी अपने पास होने से
जाने किस किस जगा[1] नहीं हूँ मैं

कितनी साँसों की गर्द[2] है मुझ पर
कैसे कह दूँ भला नहीं हूँ मैं

छान लीजे ज़रा वजूद मिरा
क्या ख़बर क्या हूँ क्या नहीं हूँ मैं

आख़िरे-कार[3] नींद आ ही गई
पस[4] ये तय है ख़ुदा नहीं हूँ मैं

1. उर्दू में जगह को जगा भी लिखा जा सकता है 2. धूल 3.अन्ततः 4. लेकिन

साँस की धार ज़रा घिसती ज़रा काटती है
क्या दराँती है कि ख़ुद फ़स्ले-फ़ना[1] काटती है

एक तस्वीर जो दीवार से उलझी थी कभी
अब मिरी नज़रों में रहने की सज़ा काटती है

तेरी सरगोशी[2] से कट जाता हूँ यूँ संगे-सुकूत[3]
जिस तरह हब्स[4] के पत्थर को हवा काटती है

यूँ ही गिरती नहीं अश्कों की सियाही दिल पर
अनकहा लिखती कभी लिक्खा हुआ काटती है

चीख़ना चाहूँ तो डँसती है ख़मोशी 'शारिक़'
चुप रहूँ तो मुझे ज़हरीली सदा[5] काटती है

---

1. मृत्यु की फ़स्ल 2. फुसफुसाहट 3. संगे का अर्थ पत्थर, सुकूत का अर्थ शांति 4. घुटन 5. आवाज़

कश्तियाँ हैं न जज़ीरे[1] का पता है कोई
आँख मलते ही कहीं डूब गया है कोई

साँस की धूल नहीं ख़्वाबों का अम्बार नहीं
कौन कह सकता है इस घर में रहा है कोई

जाने किस वक़्त मिरी रूह को जलथल कर दे
इन हवाओं में कहीं अब्रे-सदा[2] है कोई

दस्तकें सुनते ही अब गूँजने लगता है बदन
और लगता है कि फिर मुझपे हँसा है कोई

जो भी कुछ है ख़ललअन्दाज़[3] है तन्हाई में
क्या ग़रज़ मैं हूँ मिरा वहम है या है कोई

बाँसुरी है कि लबों से नहीं लगती 'शारिक़'
बाग़ में कोई तो है नग़्मासरा है कोई

❑❑❑

1. टापू 2. बादलों की ध्वनि 3. बाधक

www.ingramcontent.com/pod-product-compliance
Lightning Source LLC
LaVergne TN
LVHW091049150826
845673LV00002B/517